STARTUP STUDIO
PLAYBOOK

Startup Studio Playbook
Copyright © 2025 by Attila Szigeti
Copyright © 2025 by Novo Século Editora Ltda.

Direção editorial: Luiz Vasconcelos
Produção editorial: Marianna Cortez
Preparação: Luciene Ribeiro dos Santos
Revisão: Alexandre Tristão
Diagramação: Marília Garcia
Capa: Nexmuv

Texto de acordo com as normas do Novo Acordo Ortográfico da Língua Portuguesa (1990), em vigor desde 1º de janeiro de 2009.

Dados Internacionais de Catalogação na Publicação (CIP)
Angélica Ilacqua CRB-8/7057

Szigeti, Attila.
Startup studio playbook / Attila Szigeti. -- Barueri, SP : Novo Século Editora, 2025.
208 p. : il.

Bibliografia
ISBN 978-65-5561-994-2

1. Empreendedorismo 2. Negócios 3. Startups I. Título

25-1437   CDD-658.4012

Índices para catálogo sistemático:

1. Empreendedorismo

GRUPO NOVO SÉCULO
Alameda Araguaia, 2190 – Bloco A – 11º andar – Conjunto 1111
CEP 06455-000 – Alphaville Industrial, Barueri – SP – Brasil
Tel.: (11) 3699-7107 | E-mail: atendimento@gruponovoseculo.com.br
www.gruponovoseculo.com.br

STARTUP STUDIO
PLAYBOOK

ATTILA SZIGETI C. PEROBELLI

SÃO PAULO, 2025

NOTA DO AUTOR:

Os empreendedores e estúdios de startups cujos exemplos e histórias você encontrará neste livro foram incrivelmente generosos ao compartilhar suas histórias e segredos. Também agradeço a você, Prezado Leitor, por dedicar seu tempo a explorar o *Startup Studio Playbook* – uma abordagem que nos capacita transformar ideias em realidade e, com isso, gerar valor. Obrigado!

SUMÁRIO

Prefácio da Primeira Edição 12

Parte I – Visão geral 16

1. Modelo The Garage Studio 18
    1.1. Criando um modelo inovador 18
    1.2. Modelo The Garage Studio 20
    1.3 Como funciona 21
    1.4. Experiência em desenvolver modelos 24
    1.5. A importância da adaptabilidade 26
    1.6. 10 erros que levam à morte das startups 27
    1.7. Nossos cases de sucesso 29
    1.8. Agradecimentos 31

2. Um lugar para pioneiros e criadores 32
    2.1. Viabilizar criadores e enriquecer o empreendedorismo 33
    2.2. Um guia prático para profissionais 34
    2.3. Da luta aos estúdios 35
    2.4. Um esforço conjunto para tornar a abordagem do estúdio mais acessível 36

3. Estúdios de startups em poucas palavras 38
    3.1. Estúdios de startups em ascensão 39
    3.2. Principais impulsionadores do crescimento 40
    3.3. Vantagens 41
    3.4. Desafios e riscos 42
    3.5. Abordagem do futuro do estúdio 44

4. Os estúdios de startups são para mim? 46
    4.1. Empresários e proprietários de ideias 47
    4.2. Agências de software ou marketing 48
    4.3. Aceleradoras e incubadoras 48
    4.4. Investidores 49
    4.5. Empresas 50

Parte II – Histórias 52

5. Emergindo do Beta 54
    5.1. O que é a Dexter? 55
    5.2. Primeiros passos 56
    5.3. Crescer em um estúdio 58
    5.4. Benefícios para o empreendedor 59
    5.5. Como passar de desenvolvedor para CEO? 61
    5.6. Quais são os próximos passos para a Dexter? 61

6. TechnoSpark: uma facilitadora de startups de hardware 63
    6.1. Empresas contratadas e startups de produtos 64
    6.2. Hiperespecialização e agilização do papel do empreendedor 67
    6.3. Fortes parcerias internacionais 67
    6.4. Renovação da mentalidade empreendedora 68
    6.5. Dimensionando o modelo TechnoSpark 69

7. Game Plan 70
    7.1. O valor de um estúdio é sua plataforma 71
    7.2. Nosso Game Plan: o ingrediente secreto da eFounders 72
    7.3. Operações do dia a dia: processos e ferramentas de rotina ... 76
    7.4. Ferramentas que usamos no dia a dia 77
    7.5. Uma rede e uma grande mistura de talentos 79
    7.6. Independência de nossas startups: a fase de crescimento 81

8. Criando uma venture builder 100% em regime de copropriedade 83
    8.1. Novo impulso 84
    8.2. Propriedade é tudo 86
    8.3. Perspectivas para o futuro 89

9. Construindo startups a partir de megatendências 91
    9.1. Como começar 92
    9.2. Foco nas megatendências 94
    9.3. Como construímos empreendimentos 97
    9.4. Olhando para a frente 99

10. Cultura é verbo 101
    10.1. As pessoas são a empresa 102
    10.2. O modelo Backspace 104
    10.3. Cultura de engenharia 105
    10.4. Difusão da cultura 108

11. À frente do tempo 110
    11.1. Nascimento da Laicos 111
    11.2. Pioneirismo em Tampa 112
    11.3. Vamos construir 113
    11.4. Velhos hábitos custam a desaparecer 114
    11.5. Fênix renascida 115

12. Transformando o comércio eletrônico, uma startup de cada vez .. 117
    12.1. Por que seguir o modelo de estúdio de startups? 118
    12.2. Uma cultura INCRÍVEL **119**
    12.3. O jeito Innonic 121
    12.4. Algumas reflexões finais 124

13. Esticando nossos limites 126
    13.1. Estabelecendo a base 127
    13.2. Receita de startup v1.0 128
    13.3. Quebrando o gelo 129
    13.4. Um fundo para o estúdio 131
    13.5. Mudança de ritmo 132
    13.6. Ao infinito e... 133

Parte III – Funil de Estúdio 136

14. Liderança de estúdio 138
    14.1. Escale a si mesmo 139
    14.2. Você está pronto para o trabalho? 140
    14.3. Alinhamento com valores e visão pessoais 142

15. Visão e estratégia ... 145
- 15.1. Características de um "bom estúdio" ... 146
- 15.2. Indicadores-Chave de Desempenho ... 146
- 15.3. Relações entre estúdio e startups ... 147
- 15.4. Benchmark ... 147
- 15.5. Etapa 1: Princípios, crenças e restrições ... 148
- 15.6. Etapa 2: Foco e perfil das startups ... 148
- 15.7. Etapa 3: Funil ... 150
- 15.8. Etapa 4: Equipe principal e empreendedores residentes ... 150
- 15.9. Etapa 5: Finanças e Captação de Recursos ... 150
- 15.10. Etapa 6: Verificação da realidade ... 151
- 15.11. Espere desafios operacionais ... 151

16. O Funil de Estúdio ... 152
- 16.1. Gere um fluxo constante de ideias ... 153
- 16.2. Validação inicial e seleção de ideias ... 155
- 16.3. Lixeira de ideias ... 157
- 16.4. Construção Inicial ... 159
- 16.5. Decisão de ir / não ir ... 161
- 16.6. Rodada de crescimento e criação de sementes ... 161
- 16.7. Expansão e além ... 162
- 16.8. Saída ... 163

17. Empreendedores Residentes e CEOs ... 164
- 17.1. Criação de perfis e avaliação ... 165
- 17.2. Atração de talentos ... 165
- 17.3. Integração e Treinamento ... 166
- 17.4. Gestão dos EIR-s ... 167
- 17.5. Remuneração ... 167

18. Como as equipes de estúdio de startups são organizadas? ... 169
- 18.1. Matriz de habilidades ... 170
- 18.2. Alocação de recursos ... 171
- 18.3. Gerenciamento de tempo e outras ferramentas básicas ... 172
- 18.4. A confiança é o que sustenta tudo ... 172
- 18.5. Remuneração ... 173

19. Uma prévia sobre modelagem financeira ... 174

20. Captação de recursos e relações com investidores............... 177
20.1. Moldando a mentalidade dos investidores 179
20.2. Deck para captação de investimentos............................181
21. Venture builders corporativas 183
21.1. Um disco arranhado 184
21.2. Procurando uma saída 186
21.3. O modelo de Hollywood pode ser a saída 188
21.4. Receita complexa 191
21.5. Um exemplo promissor do México 192
21.6. Exemplos para despertar sua curiosidade 194
21.7. Uma chance para as pequenas cidades.........................195
21.8. Conclusões e caminhos possíveis..................................196

22. Leituras adicionais 198

PREFÁCIO DA PRIMEIRA EDIÇÃO

POR MICHAEL JONES, SCIENCE-INC. (2016)

O estúdio de tecnologia é um playbook que busca criar startups valiosas com maior velocidade e agilidade do que os modelos tradicionais de empreendedorismo. Os estúdios funcionam como estruturas de apoio para criar empresas escaláveis e bem-sucedidas, com capacidade de crescer e de inovar rapidamente.

Los Angeles é uma cidade tecnológica peculiar, um lugar onde passo por três estúdios de cinema no caminho para o trabalho. Estar no sul da Califórnia me proporciona uma visão única sobre a criação de startups, assim como acontece com estúdios localizados em outras partes do mundo, como Nova York, Berlim e Reino Unido. A ideia central do nosso estúdio de startups se baseia em três pilares:

1. Originar ideias e conceitos para startups,
2. Investir e aconselhar,
3. Adquirir propriedades, redistribuir recursos e escalá-los.

No passado, trabalhamos na interseção dinâmica entre conteúdo e comércio, sistemas sociais e mercados. Apenas neste ano, essa tese, que funciona como uma mescla de arte e ciência, gerou três saídas importantes para a Science Inc. - Dollar Shave Club, HelloSociety e FameBit. Outros estúdios como Expa e Betaworks também realizaram um trabalho extraordinário e muito respeitado.

A definição de estúdio – uma estrutura onde artistas, operadores e produtores trabalham juntos – torna-se ainda mais poderosa quando aplicada à inovação. O futuro dos estúdios de tecnologia é empolgante e impressionante. Nossa responsabilidade é identificar tendências e fornecer às pessoas as ferramentas e o espaço necessários para criar tecnologias transformadoras. O futuro é móvel, e chegou o momento de expandir a tese do modelo de estúdio para outras áreas de crescimento.

O que precisamos fazer agora é desenvolver veículos e ajudar a próxima geração de empreendedores, indo além do simples fornecimento de capital. A missão do estúdio é oferecer suporte à equipe, engenheiros, incentivos de marketing, um ambiente fértil, e se tornar especialista em entender como aproveitar dados e insights para avançar rapidamente, aprender com os fracassos e transformar essas lições em valor.

O livro de Átila é um olhar abrangente e profundo sobre a natureza estratégica dos estúdios e do empreendedorismo, sendo um excelente recurso para quem deseja aprender mais. Estou entusiasmado para ver o que o futuro nos reserva à medida que continuamos a impulsionar o talento tecnológico. Estamos todos aqui para criar e para apoiar marcas que inspiram. Então, a vocês, venture builders, empreendedores e leitores que se debruçam sobre este livro, peço que continuem olhando para as coisas com uma perspectiva um pouco diferente.

Vamos continuar transformando.

– Michael Jones, Science Inc.

PARTE I

VISÃO GERAL

1. MODELO THE GARAGE STUDIO

1.1. CRIANDO UM MODELO INOVADOR

Quando disse a um amigo que eu queria traduzir do inglês para o português o livro *Startup Studio Playbook*, de Attila Szigeti, e distribuí-lo no Brasil, ele me perguntou se eu não tinha medo de "entregar o ouro" para a concorrência. Afinal, como idealizador do The Garage, primeiro startup studio híbrido do Brasil, e inspirado nos conceitos de Szigeti, posso estar ensinando tudo o que eu e meu time da Nexmuv, empresa de tecnologia por trás do The Garage, investimos neste modelo único de negócio que, até agora, já resultou na criação de três startups no período de 12 meses.

É justamente isso o que eu quero: estimular investidores, empreendedores maduros e jovens "startupeiros". É possível construirmos algo juntos de uma maneira muito mais assertiva do que o mercado de startups brasileiro está acostumado. Segundo a pesquisa Founders Overview, produzida pela Ace Ventures, em conjunto com o Sebrae Startups, cerca de 75% das startups ouvidas foram fundadas nos últimos cinco anos, sendo que somente 10% nasceram antes de 2014. Os números mostram que a mortalidade no Brasil segue alta.

Acredito que exista espaço para todo mundo que deseja empreender. Há pessoas que têm ideias, mas não possuem condições de colocá-las em prática. Um empreendedor maduro, por exemplo, pode achar que já passou do ponto, que não tem mais idade para iniciar um novo negócio. Aliás, essa foi outra conclusão do Founders Overview: a faixa etária predominante entre os empreendedores está entre 35 e 44 anos, representando 35,3% do total. A esse grupo segue-se a faixa etária de 45 a 54 anos, com 25,9% dos empreendedores.

Mas o maior desafio talvez seja estimular o investidor brasileiro a tomar risco de verdade. Há pouco tempo atrás, conversando com o dono de um venture capital no Brasil, que está há seis anos investindo em startups, descobri que durante esse período ele tinha desembolsado apenas R$ 900 mil em seis startups. O que fazemos no Brasil é brincadeira se compararmos ao mercado norte-americano que, em 2024, injetou US$ 209 bilhões em startups.

Gosto de citar o exemplo do Uber que, mesmo com receita crescente, passou 15 anos registrando prejuízo líquido. A dívida da empresa chegou a US$ 10 bilhões e eles continuaram injetando dinheiro no negócio. A estratégia do Uber mostra que seus executivos pensam a longo prazo, enquanto por aqui, no Brasil, continuamos vendendo o almoço para pagar a janta. Por mais clichê que essa expressão seja, ela traduz a realidade brasileira: pensamos somente no aqui e agora. Nosso longo prazo é depois de amanhã.

O resultado é que o mercado brasileiro está na corrida de startups há cerca de 15 anos, mas conseguiu transformar em unicórnio apenas 22 delas, segundo relatório do Distrito. Tomar risco tem de começar a fazer parte da natureza do investidor brasileiro e nossa tese ajudará os investidores a se arriscarem de maneira mais calculada. Precisamos parar de realizar movimentos de mercado apenas para acompanhar tendências do exterior.

Mas não adianta colocar a culpa nos investidores. Precisamos ser mais profissionais, pararmos com a mentalidade de que apenas uma boa ideia basta. Em minhas andanças pelo Brasil e conversas com donos de ventures builders percebi que falta algo muito básico para as startups: processos. O brasileiro é arredio a processos, o que torna tudo mais lento e desorganizado.

Percebo que os venture builders simplesmente procuram empreendedores que saibam vender uma boa história. Muitos desses venture builders sequer têm uma área de tecnologia. É o founder, na maioria das vezes sem conhecimento técnico, que vai atrás dos programadores para desenvolver o produto. E aqui está um grande perigo. A qualidade da equipe de desenvolvimento é crucial para o sucesso de qualquer projeto. Um estudo da plataforma Stack Overflow revelou que 30% dos projetos falham devido a problemas relacionados à equipe de desenvolvimento.

Para evitar esse cenário, o The Garage possui uma equipe interna de especialistas altamente qualificados, garantindo que o desenvolvimento do produto seja realizado com total qualidade. Sem processos bem definidos, esses ventures builders levam anos para fazer o que o The Garage, fundado em 2024, já realizou: desenvolveu e colocou em operação as startups GISA, PET.IA e MOC.

1.2. MODELO THE GARAGE STUDIO

O modelo de startup studio do The Garage permite uma taxa de sucesso maior do que estamos acostumados a ver entre as startups. De acordo com o Distrito, de janeiro de 2015 a setembro de 2024, 8.258 startups brasileiras deixaram de existir. Esse número é quase metade do total de startups ativas no Brasil, que é de 16.936.

No The Garage, trabalhamos lado a lado dos empreendedores, desde a fase inicial até a aceleração dos negócios. O modelo é dedicado a criar e desenvolver novas startups de softwares, de forma estruturada e sistemática, com foco em uma ampla gama de áreas, sendo B2B e SaaS com inteligência artificial (IA).

Diferentemente de incubadoras e aceleradoras, que apoiam startups externas com recursos, mentoria e networking, um startup studio constrói startups internamente, identificando ideias promissoras e formando equipes específicas para cada projeto. O foco está em criar várias startups ao mesmo tempo, garantindo que cada uma tenha o suporte financeiro, técnico e estratégico desde a concepção da ideia, passando pelo desenvolvimento, operação e acompanhamento da evolução e crescimento. Entregamos empresas prontas para escalar, já com estratégias de marketing e vendas implementadas para que estejam prontas para uma venda, fusão ou a entrada de um venture capital.

1.3 COMO FUNCIONA

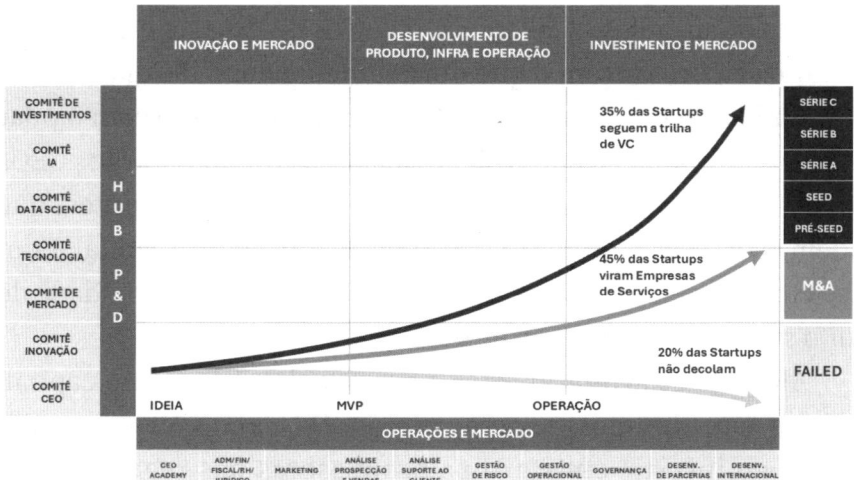

Nosso modelo oferece cinco pilares que sustentam o sucesso das startups. Tudo começa com o pilar de Inovação e Mercado, que utiliza um processo extremamente criterioso para identificar uma ideia inovadora, que pode partir de três frentes: necessidade do mercado, empreendedor experiente ou um jovem "startupeiro" e parceiros de M&A (fusões e aquisições, na sigla em inglês).

Ainda nesse pilar, temos uma frente que atua na busca de executivos, empreendedores e intraempreendedores que possam se interessar em fazer parte do nosso time como CEO de uma de nossas iniciativas. Uma vez identificada uma ideia inovadora, a equipe de Inovação denomina o CEO e inicia a construção do MVP (Produto Viável Mínimo) e do pitch deck. Essa fase tem duração de 45 dias e, com tudo aprovado, passamos para o pilar de Tecnologia, Desenvolvimento e Operação, onde haverá mais 120 dias para a construção e a implantação do aplicativo.

Durante esse período, o pilar de Operações e Mercado fornecerá todo o suporte necessário, desde a formação do CEO até os processos burocráticos relacionados às áreas jurídica, administrativa, financeira e RH, passando também por marketing, prospecção, vendas, suporte ao cliente, gestão operacional e governança. Após o produto implantado e em operação, o pilar de Investimento e Mercado entra em ação com o objetivo de escalar o negócio e buscar o seu breakeven, o que normalmente dura 180 dias.

O pilar de Investimento e Mercado, em conjunto com o pilar Hub P&D, que atua no apoio de novidades à comunidade dos CEOs do The Garage, inicia a busca por potenciais investimentos, que podem acontecer por meio de M&A ou de um venture capital. Com base em todos esses diferenciais garantimos uma assertividade de muito sucesso ao mercado de Startups.

Além de estarmos abertos à entrada de um venture capital, também estruturamos o nosso próprio. O Nexmuv Ventures tem como foco investir em startups promissoras nas regiões Norte e Nordeste do país. Com uma estratégia que combina capital de risco e apoio operacional, o Nexmuv Ventures busca startups em diferentes estágios de maturidade, focando especialmente em projetos inovadores que possam ser acelerados para o crescimento sustentável e valorização de mercado.

Para viabilizar a gestão do fundo e a identificação das melhores oportunidades de investimento, o Nexmuv Ventures foi criado em parceria com a Dealist, empresa especializada em oferecer "corporate venture capital as a service", que combina benefícios estratégicos e financeiros para as iniciativas de inovação corporativa.

Um dos principais atrativos do modelo de startup studio de Attila Szigeti é seu alto índice de sucesso, de 66%, o que significa que, de cada três startups criadas, duas prosperam. Sua pesquisa sobre startup studios e venture building o levou a identificar pontos fortes e deficiências nesses modelos. Mas além de possuir a mentalidade estruturada de um pesquisador, ele também se destaca por sua experiência prática, investindo e atuando diretamente em startups.

Assim, ele desenvolveu uma abordagem inovadora que ressoou no mundo dos startup studios, que, até dezembro de 2024, somavam 900 em todo o globo. Embora existam outros autores relevantes, Szigeti foi um dos pioneiros. Acredito que o conhecimento contido neste livro, desenvolvido entre 2017 e 2019, seja extremamente relevante para o contexto atual.

Inspirado nesse modelo, e com adaptações para o mercado brasileiro, o The Garage inicia sua atuação transformando o dono de uma grande ideia em empreendedor por meio do CEO Academy. Nesse programa, é realizado um trabalho focado no desenvolvimento do founder, capacitando-o em diversas áreas essenciais como gestão de vendas, financeira e de mercado e captação de recursos financeiros.

O objetivo principal é identificar os pontos fracos do empreendedor para que ele possa superá-los, enquanto os pontos fortes são potencializados, garantindo assim um desempenho ainda melhor. A intenção é que qualquer pessoa com uma grande ideia tenha as ferramentas necessárias para liderar uma empresa, independentemente de possuir uma formação acadêmica robusta ou experiências internacionais.

O programa é inclusivo e acessível a pessoas de todas as classes sociais. O empreendedor inicia a jornada sendo dono de 20% do negócio e pode deixar a startup após cinco anos com 40%, se atingir as metas. Essa é a configuração de uma startup do The Garage: um founder encontrado no mercado e um cofounder, no caso o The Garage, com sua estrutura e equipe, além de mais de duas décadas de experiência no mercado de tecnologia.

1.4. EXPERIÊNCIA EM DESENVOLVER MODELOS

O ano era 2003 quando fundei a 5A Consultoria com uma tríade de sustentação para o desenvolvimento de todos os nossos serviços e modelos de negócios: Pessoas, Processos e Tecnologia. Mais tarde, a consultoria se transformaria na Nexmuv apoiada nessa mesma ideia.

A primeira ação foi o desenvolvimento do Sirius, um modelo inovador que criei junto com o presidente da Fundação Vanzolini, Marcelo Pessoa. O modelo foi desenvolvido para integrar práticas de gerenciamento de projetos baseadas no PMI (Project Management Institute) e no CMMI (Capability Maturity Model Integration), com foco na área de tecnologia da informação e de engenharia de software.

Diferentemente do PMBOK, que é genérico e aplicável a qualquer tipo de projeto, o Sirius foi desenvolvido especificamente para gerenciar projetos de desenvolvimento de sistemas e software, oferecendo uma abordagem mais direcionada e alinhada às necessidades do setor tecnológico. Além de vender e implantar o Sirius, a 5A Consultoria oferecia treinamento e suporte para garantir que os clientes utilizassem o método eficazmente. O Sirius foi adotado por grandes organizações como Amil, Associação dos Militares Estaduais de São Paulo (AMESP), Avon, Bank Boston, IG e Polícia Militar do Estado de São Paulo.

Apesar de seu sucesso, desafios relacionados à cultura organizacional das empresas levaram à descontinuidade do Sirius ao longo dos anos. Uma delas investiu aproximadamente R$ 12 milhões na metodologia, treinamento e software. Após três anos, quando voltei à empresa para uma visita, descobri que o Sirius havia sido descontinuado pelo novo CIO (Chief Information Officer).

Entra executivo, sai executivo e cada um faz o que quer. Mesmo nas companhias grandes e bilionárias não há planejamento. Como já disse: o mercado brasileiro sofre por não ter visão de longo prazo. Nesse momento começava a entender que a cultura corporativa em nosso país tinha dificuldade com regras, compromissos e entregas. Também percebia que vários executivos assumiam seus postos apenas por uma questão de ego, sem preocupação com a melhoria nos resultados.

Em 2010, a 5A Consultoria decidiu investir na engenharia de processos, reconhecendo que essa era uma dor do mercado corporativo. O objetivo era ajudar a alinhar a tecnologia da informação (TI) aos negócios. Para isso, adquirimos 45% da Sammatti, uma empresa especializada em engenharia de processos e na criação de especificações que facilitavam a codificação de sistemas, e tinha como founder Márcio Coelho.

Juntos, desenvolvemos um modelo inovador de gestão de processos, chamado Best, baseado no BPMM (Business Process Maturity Model) e no UCP (Use Case Point), uma das melhores práticas na especificação para o desenvolvimento de software. O objetivo principal era conectar a gestão tradicional de processos com a tecnologia. Por exemplo: em um processo com 100 atividades, muitas vezes apenas cerca de 30% eram sustentadas por sistemas tecnológicos, enquanto o restante era realizado manualmente.

O Best efetuava a reengenharia nos processos com o objetivo de otimizá-los, bem como a criação automática das especificações para a geração do software, resultando em uma maior assertividade no alinhamento da tecnologia e do negócio. Além disso, o Best contribuía de forma significativa com as empresas no treinamento e disseminação da cultura de processos. O sucesso foi tremendo e o modelo foi adquirido por dezenas de empresas com faturamento entre R$ 120 milhões e R$ 400 milhões.

E foi nesta época que um caso me marcou. Realizamos uma consultoria em uma empresa de logística com abrangência nacional. Ao longo de oito meses de trabalho, identificamos oportunidades de melhoria que poderiam gerar uma economia anual de R$ 7 milhões, proporcionando um retorno sobre o investimento em um período de 12 meses.

Entretanto, ao apresentarmos os resultados e as recomendações ao presidente da empresa, ouvimos sua preocupação com a necessidade de alterar as responsabilidades e atividades de alguns gerentes regionais. Diante da perspectiva de impactar a dinâmica de trabalho desses colaboradores-chave, a decisão foi de não prosseguir com a implementação das mudanças, renunciando, assim, aos potenciais ganhos financeiros, mesmo já tendo pago cerca de R$ 450 mil por nossa consultoria.

Esse caso demonstra que, em certas circunstâncias, a resistência à mudança e a priorização das relações interpessoais podem prevalecer sobre a busca por eficiência e otimização de processos.

As experiências com o Sirius e o Best fortaleceram a 5A nos processos de identificação de oportunidades do mercado, estruturação, implantação e operação de novos negócios. Mas apesar do sucesso dos modelos, eles não eram escaláveis. Os dois eram vendidos para uma determinada área da empresa e tínhamos que continuar batalhando a venda para outros setores, ao mesmo tempo em que tentávamos conquistar novos clientes. Eram operações difíceis de sustentar.

1.5. A IMPORTÂNCIA DA ADAPTABILIDADE

Durante minha trajetória de empreendedor mudei de rumo algumas vezes. Acredito que a adaptabilidade seja essencial para o sucesso. Foi com esse espírito, que decidi, em 2013, começar a investir em empresas mais facilmente escaláveis.

Durante um período de sete anos, adquirimos quatro startups do segmento de tecnologia e uma na área de saúde. As experiências anteriores nos moldaram para poder trabalhar pessoas, processos e tecnologia da melhor maneira, tanto do lado de produto e serviços, como na administração de diversas empresas simultaneamente.

Foi então que, em 2019, já à frente da Nexmuv, iniciamos a trajetória de compreender melhor o processo de inovação do mercado e das empresas, criando uma área exclusiva para atuar nessa frente.

Com base em um aprofundado estudo, percebemos que a mortalidade das startups poderia ser revertida, mas que a presença de aceleradoras, incubadoras e venture builders no país não eram suficientes para reduzir o perecimento desses negócios. Até que em 2023, descobrimos o modelo startup studio, que já era bem difundido no mercado internacional, mas no Brasil ainda pouco se falava. Adaptando-o ao mercado brasileiro, nascia, no ano seguinte, um modelo completamente único, o The Garage Studio.

1.6. 10 ERROS QUE LEVAM À MORTE DAS STARTUPS

De acordo com a pesquisa da CB Insights, cerca de 70% das startups falham e os motivos são variados. Atualmente, posso dizer que o The Garage Studio auxilia os empreendedores a botar de pé uma ideia ou uma startup em "early stage", reduzindo os principais erros que destaco abaixo:

1. **Fundador único:** startups que contam com mais de um fundador têm maiores chances de êxito. Isso porque negócios bem-sucedidos exigem múltiplas competências, desde visão estratégica e comercial até conhecimento técnico e operacional. A formação de uma equipe complementar reduz a sobrecarga e fortalece a tomada de decisões.
2. **Nicho marginal:** empreendedores muitas vezes apostam em nichos extremamente específicos, acreditando que terão menos concorrência. No entanto, mercados pequenos limitam o potencial de crescimento e a capacidade de atrair investidores. No startup studio, as ideias passam

por uma validação estratégica baseada em dados, garantindo que haja um mercado-alvo sólido e escalável antes do lançamento.
3. **Falta de inovação:** replicar modelos já existentes raramente leva ao sucesso. O diferencial de uma startup está na sua capacidade de resolver problemas reais de maneira inovadora. Empreendedores devem desenvolver soluções que se destaquem no mercado, evitando produtos genéricos ou sem propósito claro. As melhores soluções surgem de uma combinação de experiência, pesquisa e criatividade.
4. **Resistência à adaptação:** persistência é essencial para qualquer negócio, mas a incapacidade de ajustar a estratégia diante dos sinais do mercado pode ser fatal. Muitas startups falham porque seus fundadores se prendem a uma ideia inicial sem considerar mudanças no comportamento dos consumidores ou novas demandas do setor.
5. **Equipe técnica pouco qualificada:** muitas vezes startups enfrentam dificuldades ao contratar especialistas, como programadores, por exemplo, o que pode comprometer o desenvolvimento do negócio. A escolha de profissionais sem experiência adequada ou desalinhados com a visão da empresa pode gerar retrabalho e custos desnecessários.
6. **Demora no lançamento:** muitos empreendedores acreditam que só devem lançar seu produto quando ele estiver totalmente pronto. No entanto, postergar excessivamente o lançamento pode resultar em perda de competitividade e desperdício de recursos. Um startup studio trabalha com a metodologia de MVP, permitindo que o produto seja testado no mercado rapidamente e refinado com base no feedback real dos usuários.
7. **Lançar muito cedo:** lançar um produto antes que ele esteja pronto pode prejudicar a reputação da startup e afastar

potenciais clientes. O correto é encontrar o ponto ideal, garantindo que o produto tenha funcionalidades suficientes para gerar valor, sem comprometer a experiência do usuário. O equilíbrio é essencial: lançar algo incompleto pode gerar uma primeira impressão negativa, mas esperar demais pode significar perder oportunidades.

8. **Má gestão financeira:** o descontrole financeiro é uma das principais razões para o fechamento de startups. Gastos desnecessários ou falta de planejamento podem levar ao esgotamento dos recursos antes que o negócio atinja sua maturidade. Os empreendedores devem gerenciar seus investimentos de forma estratégica, priorizando despesas essenciais e garantindo a sustentabilidade financeira da empresa.
9. **Obstinação:** adaptabilidade é uma das chaves para o sucesso. Startups bem-sucedidas frequentemente mudam de direção a partir do plano original. Uma pesquisa da Startup Genome mostra que 74% das startups que se adaptam às necessidades do mercado têm um desempenho melhor.
10. **Relacionamento ineficaz com investidores:** atrair investidores é apenas o primeiro passo para garantir recursos financeiros. A má gestão desses relacionamentos pode levar a desalinhamentos estratégicos, interferências prejudiciais ou perda de autonomia da startup. Construir uma startup sem o direcionamento adequado é como navegar sem bússola. Com o ambiente certo e apoio especializado, as chances de sucesso aumentam consideravelmente.

1.7. NOSSOS CASES DE SUCESSO

A **MOC** foi a primeira startup do The Garage e surgiu como uma solução para simplificar e otimizar a gestão de clínicas de saúde ocupacional, oferecendo um ambiente digital intuitivo e eficiente. O aplicativo funciona como um tutor virtual, projetado especificamente para atender às demandas dessas clínicas, especializadas em fazer exames de saúde ocupacional.

A gestão de registros e documentação em clínicas de saúde ocupacional é um dos desafios, exigindo precisão e atualização constante; assim como as filas de espera, já que esses estabelecimentos recebem diariamente um grande fluxo de pacientes. O app foi criado para auxiliar as empresas nesses pontos e, o que o torna único, é que sua operação é realizada pelos próprios centros de saúde, proporcionando uma integração com seus processos internos.

Já a **GISA** (Growth Inteligence Salles) é uma startup com foco no impulsionamento de vendas no e-commerce e redes de varejo. Por meio da IA, a GISA cria planos de ação para aumentar as vendas, reduzir os cancelamentos das compras, otimizar os custos e elevar a margem de lucros das lojas virtuais.

Em poucos segundos, o aplicativo fornece informações estratégicas com base nos concorrentes e cria planos de marketing para reduzir estoque e ampliar a base de clientes. Com informações de dentro e fora de sua base, a plataforma fornece ações prontas para o mercado digital, agilizando processos e otimizando as operações.

Por fim, o aplicativo **PET.IA** chegou ao mercado de saúde animal com uma proposta que combina telemedicina e IA. Entre as principais funções do app estão consultas por vídeo - disponíveis 24 horas por dia, sete dias por semana - e prontuário médico digital totalmente integrado, que possibilita o acesso ao histórico completo do pet a qualquer momento.

Esse prontuário se conecta a sistemas de gestão e interfaces de programação aplicadas, aumentando a eficiência do atendimento. Além disso, o receituário eletrônico permite maior padronização e conveniência para tutores e veterinários.

1.8. AGRADECIMENTOS

Neste espaço, gostaria de expressar minha profunda gratidão a Attila Szigeti por fazer parte deste projeto e por tornar o processo tão gratificante. A jornada de entendimento e criação deste capítulo foi enriquecida por seus ensinamentos e insights valiosos.

Sua visão única e seu talento inegável iluminaram cada página que escrevi. A colaboração com Szigeti não apenas desafiou a minha criatividade, mas também ampliou minha compreensão sobre o tema startup studio.

Agradeço pelo apoio e pelo interesse em publicar sua obra no Brasil, onde poderemos compartilhar nossas experiências e estimular investidores, empreendedores maduros e jovens "startupeiros". Espero que esta obra ressoe com os leitores tanto quanto ressoou em mim durante esse período de cocriação.

2. UM LUGAR PARA PIONEIROS E CRIADORES

> *"Qual, neste mundo, é a nossa tarefa? Lutar*
> *e nutrir as necessidades do espírito;*
> *[...]*
> *Qual, neste mundo, é a nossa tarefa? Lutar*
> *de acordo com nossa força, para objetivos nobres."*

Olá, meu nome é Átila. A citação acima vem de um poema de Mihály Vörösmarty: "Pensamentos na biblioteca" - uma obra que serve de inspiração para minha trajetória profissional. Se pudéssemos substituir a palavra "lutar" por algo mais construtivo, como "pioneirismo" e "criar". Se conseguíssemos eliminar as dificuldades que empreendedores e criadores enfrentam atualmente, enquanto dão vida a novos produtos e empresas.

Esta é a missão deste livro: apresentar uma estrutura pragmática e um guia prático sobre como transformar ideias em empreendimentos viáveis sem complicações. Vamos explorar como pessoas já alcançaram sucesso com estúdios de startups e como você pode fazer o mesmo. Também abordaremos o uso pessoal: como aplicar essa abordagem de estúdio para desenvolver seus próprios projetos e ideias.

2.1. VIABILIZAR CRIADORES E ENRIQUECER O EMPREENDEDORISMO

Estúdios de startups são organizações que produzem empresas. Não são apenas investidores financeiros ou mentores, mas fundadores e construtores. Esses estúdios – também conhecidos como venture builders, fundições ou fábricas – possuem valores intrínsecos que merecem destaque:

- Eles capacitam empreendedores e inovadores a concentrarem seus esforços na criação de valor real: desenvolver um produto significativo, focado nas necessidades dos clientes. O estúdio oferece uma plataforma estável, recursos financeiros e humanos, um ambiente propício à criação.
- Essa abordagem acelera o processo de criação de empreendimentos, garantindo uma importante vantagem temporal em relação aos concorrentes que utilizam metodologias mais convencionais.
- O modelo de estúdio permite a criação de uma organização antifrágil, com capacidade de autofortalecimento – tornando-se mais robusta e eficiente após cada ideia explorada, após cada startup criada.

Desde que o estúdio seja bem projetado e operado. Este livro mostrará como fazer isso. Você conhecerá histórias reais e práticas comprovadas de venture builders bem-sucedidos, além de encontrar uma estrutura flexível de estúdios de startups que poderá adaptar aos seus propósitos.

Se você está familiarizado com frameworks de desenvolvimento de software como Ruby on Rails, pense nos estúdios desta forma: uma estrutura para criar empresas. Ela vem com elementos arquitetônicos típicos e comprovados, convenções e estruturas de apoio – todos testados em ambientes reais, com o objetivo de facilitar a criação de novos empreendimentos viáveis. Assim como nos frameworks de desenvolvimento, você pode usar os estúdios da melhor maneira possível: adotar modelos populares, inserir seu próprio código personalizado e até experimentar abordagens inovadoras. Tudo o que desejar para criar empresas de maneira eficiente e econômica.

Felizmente, cada vez mais empreendedores, investidores e até corporações estão adotando a abordagem de estúdio. Do primeiro em 1996 (Idealab), passamos para cerca de 50 em 2015 e mais de 300 atualmente. Isso significa que há cada vez mais espaços que proporcionam um ambiente estimulante para a criação de valor.

2.2. UM GUIA PRÁTICO PARA PROFISSIONAIS

Este livro busca oferecer uma ampla visão geral e um guia prático sobre essa estrutura pragmática. Com esse conhecimento em mãos, você será capaz de:

Decidir se a abordagem de estúdio de startups é adequada para você e, em caso afirmativo, como utilizá-la.

- Criar um estúdio de startups alinhado à sua visão e estratégia de longo prazo. E colocar tudo em movimento – captando recursos, formando sua equipe, gerando ideias e construindo empresas.
- Participar de discussões relevantes defendendo (ou questionando) a abordagem de estúdio, seu uso em sua área de atuação e seu papel no ecossistema de startups.

O livro está dividido em três seções principais:

1. **PARTE I**: Uma visão geral do que a abordagem de estúdio de startups oferece a empreendedores, construtores, inovadores, investidores e empresas. Como funciona? Quais são os prós e contras? É útil para você?

2. **PARTE II**: Na segunda seção, você conhecerá as histórias de diversos fundadores e seus estúdios. Muitos são capítulos escritos por convidados, proporcionando uma visão única sobre o processo de pensamento e as estratégias utilizadas por essas equipes. Frequentemente compartilham segredos valiosos, como detalhes de suas tabelas de capitalização (como dividem a participação das startups entre a equipe) e sua lógica de investimento.
3. **PARTE III**: A terceira parte aborda os componentes de uma estrutura genérica de estúdio. Como formular uma tese e estratégia? Como configurar o funil de startups – os processos de fabricação de risco? Quem são as pessoas-chave em um estúdio e como atraí-las?

Após a leitura, recomendo fortemente que você se conecte com a comunidade, explore plataformas populares de compartilhamento de conhecimento, como o Quora, e busque informações relacionadas a estúdios. Compre também um caderno e comece a experimentar os métodos descritos. No último ano, surgiram diversas iniciativas e experimentos, incluindo mapeamentos de estúdios, fundos especializados em financiar venture builders e novas teorias. Vale a pena explorar tudo isso se você tem alguma relação com empreendedorismo e inovação.

Ampliar sua perspectiva com a abordagem de estúdio e implementar um ou mais elementos dessa estrutura em seu próprio trabalho pode ser extremamente valioso, especialmente se você deseja criar um fluxo contínuo de novos produtos e de novas empresas.

2.3. DA LUTA AOS ESTÚDIOS

Minha motivação e a crença nessa abordagem começaram em 2015, quando fazia a transição de uma carreira corporativa para o empreendedorismo. Em 2014, lancei minha primeira empresa digital, e nesse mesmo ano, após quase um ano de batalhas, enfrentei uma grande decepção. Como empreendedor de primeira viagem, cometi praticamente todos os erros possíveis. Felizmente, tive a oportunidade de tentar novamente.

No ano seguinte, 2015, vivi uma verdadeira reviravolta. Foi quando descobri o fascinante universo dos estúdios de startups – uma ideia ainda pouco conhecida e explorada, com apenas algumas dezenas de organizações ao redor do mundo. Para entender melhor esse modelo, realizei inúmeras entrevistas com líderes dessa área e investi centenas de horas em pesquisa para desvendar seus segredos. Meu objetivo era descobrir como poderíamos criar uma organização capaz de gerar startups de forma sistemática. Essa jornada resultou nas minhas primeiras publicações sobre o tema: o *Startup Studio Trends Report 2015* e o *Anatomy of Startup Studios*. Um ano depois, lancei a primeira edição do *Startup Studio Playbook* no Product Hunt.

Nos anos seguintes, assumi o cargo de diretor de operações na Drukka – o estúdio de startups que considero minha escola. Também trabalhei como consultor para diversos estúdios emergentes. Atualmente, estou novamente na criação de startups, atuando como cofundador e CEO, utilizando os métodos descritos neste livro. Essa trajetória aprimorou meu conhecimento e prática nessa área.

Essa é a razão para esta segunda edição. Meu objetivo é oferecer a vocês uma visão atualizada sobre os estúdios de startups: uma mentalidade combinada a um conjunto de métodos que facilitam a criação de novas empresas de forma segura, organizada e com economia de tempo e recursos.

2.4. UM ESFORÇO CONJUNTO PARA TORNAR A ABORDAGEM DO ESTÚDIO MAIS ACESSÍVEL

A primeira edição deste livro só foi possível graças a uma campanha no Indiegogo, realizada em 2016, e à generosidade de alguns dos empreendedores mais inspiradores e pioneiros do mundo.

Essas pessoas contribuíram de maneira decisiva para o *Startup Studio Playbook*, compartilhando suas experiências e histórias, o que ajudou a tornar essa abordagem mais transparente e acessível. Quero agradecer especialmente a Denis Kovalevich; Daniel Ilkovich e Josh Auerbach; Ryan Negri; Peter Langmár, Daniel Nagy, Ádám Bankó; Henry Nilert, Niko Porkka e Juho Oranen; Jons Janssens e Barbara Putman Cramer; Thibaud Elziere e Pauline Tordeur; Máté Rab e Csaba Zajdó; Tamás Bohner.

Até o momento, o *Startup Studio Playbook* está disponível em inglês, japonês – graças à Nikkei Business Publisher e Quantum Inc., persa – por conta do empenho pessoal de Nima Aghvami, e russo – com o apoio da TechnoSpark e Rusnano; além de uma Edição Especial para o SCS Cluster francês, realizada pelo novo estúdio Hola'Up.

Você também pode participar dos grupos no Slack, Facebook e LinkedIn para tirar dúvidas e compartilhar experiências.

Os links para essas comunidades estão disponíveis em: http://www.startupstudioplaybook.com/community.

Estou ainda desenvolvendo um novo site onde disponibilizarei materiais complementares para este livro, como exemplos de organogramas e modelos básicos para a criação de novos estúdios. Você pode conferir tudo em: startupstudio.vc.

A tecnologia e a metodologia para criar negócios estão em constante evolução. A abordagem dos estúdios de startups é mais uma ferramenta para o empreendedor explorar novos produtos e serviços, criando valor de forma prática. Vamos transformar o empreendedorismo juntos.

Attila Szigeti

3. ESTÚDIOS DE STARTUPS EM POUCAS PALAVRAS

Os estúdios de startups são ambientes que facilitam a criação de novos negócios desde a fase inicial. Neste capítulo, você vai conhecer as principais características desse modelo. Na Parte II, apresento exemplos práticos e estudos de caso, e na Parte III, exploramos cada componente do estúdio e como colocá-lo em funcionamento.

Embora existam variações na forma de aplicar a abordagem – dependendo dos fundadores e da visão da organização – o processo costuma seguir etapas semelhantes. Entre elas, estão:

- Reunir uma equipe central e empreendedores residentes;
- disponibilizar uma infraestrutura compartilhada e recursos financeiros internos;
- gerar ideias internamente ou atuar como cofundador em alguns casos;
- criar várias startups simultaneamente;
- descartar projetos que não funcionam e realocar a equipe para aproveitar a experiência adquirida;
- transformar os projetos promissores em empresas consolidadas;
- crescer, vender e repetir o processo.

Algumas pessoas se referem a essas organizações como fábricas de startups, fundições ou venture builders – termos que, apesar das pequenas variações, são usados de forma intercambiável. A principal distinção entre um estúdio, uma aceleradora ou uma incubadora é que o estúdio atua como cofundador e criador, não se limitando a oferecer dinheiro e mentoria. Trata-se de explorar mercados, desenvolver ideias e transformá-las em produtos e empresas.

A grande promessa desse modelo é que ele cria um ambiente ideal para que empreendedores e criadores testem rapidamente novos conceitos. Com os recursos disponíveis internamente, a equipe pode se concentrar no desenvolvimento do produto e na relação com os clientes. Para os investidores, as startups geradas nesse contexto podem se tornar uma fonte estável de oportunidades para futuros investimentos.

Isso torna a criação de startups um processo mais eficiente. Mesmo em regiões onde o ecossistema não está totalmente formado, um estúdio pode oferecer um espaço bastante favorável, reunindo talentos, recursos financeiros e oportunidades em um ambiente propício.

3.1. ESTÚDIOS DE STARTUPS EM ASCENSÃO

Desde o início com o Idealab, em 1996, o número de estúdios vem crescendo. Alguns foram fundados por empreendedores de sucesso, outros por investidores ou por empresas de investimento. Entre os mais conhecidos estão Rocket Internet, Betaworks, Science Inc. e eFounders. Há inclusive estúdios que se dedicam a aproveitar a pesquisa universitária.

O número de saídas bem-sucedidas também aumenta. Um exemplo marcante foi a venda da Dollar Shave Club por US$ 1 bilhão, uma das três aquisições realizadas pela Science Inc., de Los Angeles, em 2016.

Se você acompanha revistas do setor, perceberá como esse modelo está revolucionando o empreendedorismo. No último capítulo, no *Apêndice – Leituras Adicionais*, você encontrará links para artigos e outras publicações sobre o tema.

"Empreendedor que virou investidor é um arco de história clássico no Vale do Silício, mas recentemente o enredo ganhou uma reviravolta. Certos operadores estão renunciando ao caminho tradicional de ingressar em um VC tradicional para, em vez disso, criar uma operação de holding semelhante a um estúdio." – *TechCrunch*.

"Este 'modelo de estúdio de startups' está se tornando cada vez mais popular nos EUA e na Europa" – *Tech.eu*.

"Você vai querer se acostumar com a ideia porque veremos muito mais organizações de criação de risco surgindo." – *VentureBeat*.

"Ser um Estúdio Startup significa que desenvolvemos ideias em produtos e produtos em empresas. Somos enxutos e a capacidade de inovar, criar e testar novos produtos rapidamente nos dá muito mais flexibilidade do que um modelo tradicional de startup rígida." – *RyanNegri.com*.

"Se você perguntar à maioria dos proprietários de estúdios de startups, eles dirão que estão simplesmente profissionalizando a fase de descoberta e tração." – *TheNordicWeb.com*.

3.2. PRINCIPAIS IMPULSIONADORES DO CRESCIMENTO

Essa expansão é surpreendente! Há diversos motivos para essa tendência, mas acredito que os três principais sejam os seguintes:

1. Empreendedores bem-sucedidos após uma saída não querem apenas se acomodar como investidores ou se aposentar. Eles procuram uma plataforma que lhes permita continuar envolvidos na fase inicial da criação e testar a

montagem de um portfólio completo de startups, em vez de apostar em uma única ideia.
2. Muitas organizações possuem seus próprios programas de aceleração de startups, mas, na maioria, esses programas funcionam mais como estratégias de marketing – "produzindo apenas camisetas e canecas de café", como afirma Steve Blank. Empresas que desejam crescer com startups precisam de uma abordagem que ofereça maior controle e um retorno sobre investimento mais atrativo.
3. Investidores em estágios avançados precisam competir por oportunidades realmente promissoras. Espero que mais VCs percebam que há outra alternativa: criar seu próprio fluxo de negócios futuros com um método que apresente resultados melhores do que o tradicional, em que "9 em cada 10 startups falham".

3.3. VANTAGENS

- **Diversificação e tolerância a falhas:** em uma startup tradicional, uma falha pode significar o fim do projeto. Em um estúdio, ao gerenciar várias startups e fazer diversas pequenas apostas, é possível realocar a equipe e preservar talentos e conhecimentos. Se os processos de criação forem bem ajustados, é possível atingir uma eficiência de custos elevada e reduzir o tempo de desenvolvimento. Assim, o estúdio se torna um mecanismo de geração e validação de ideias, permitindo descartar rapidamente as propostas que não funcionam, enquanto mantém a equipe coesa e fortalece a rede interna de construtores de startups.
- **Maior retorno para os investidores:** uma participação acionária mais expressiva nas startups implica que, em caso de saída, os ganhos para o estúdio e seus investidores podem

ser significativamente maiores. Se você conseguir manter um bom fluxo de startups e buscar saídas estratégicas, isso pode oferecer um retorno rápido sobre o investimento.

- **Uso mais eficiente de talentos:** em um estúdio, as equipes são centralizadas e alocadas de forma flexível para as startups. Muitas vezes, as startups não dispõem de recursos para contratar os melhores profissionais. Os estúdios, com um orçamento maior para a equipe principal, podem contratar profissionais de alto nível, formando uma equipe que distribui suas habilidades conforme a demanda. Por exemplo, um designer sênior pode ser intensamente envolvido na criação de um novo produto para a startup A e, depois, ser realocado para a startup B quando a primeira muda do estágio de design para o de vendas.
- **Viabilizar o empreendedorismo:** um estúdio cria um ambiente que facilita o surgimento de startups. Com procedimentos bem definidos, até um empreendedor de primeira viagem tem uma chance razoável de alcançar o sucesso. Isso é benéfico para o ecossistema local, pois CEOs experientes que já criaram startups elevam o nível de toda a operação e ampliam o conhecimento coletivo. Além disso, os estúdios encorajam pessoas que, de outra forma, não se arriscariam a lançar uma startup – seja por falta de uma ideia que inspire confiança ou pela necessidade de manter um salário por um ou dois anos.

3.4. DESAFIOS E RISCOS

- **Intensidade de capital:** é necessário um investimento inicial expressivo para montar uma equipe principal completa e custear a infraestrutura e os recursos para vários projetos simultâneos. Caso contrário, o ritmo de criação de startups será mais lento.

- **Tabelas de capitalização:** estúdios de startups, como acionistas institucionais, geralmente detêm uma fatia considerável do equity, muitas vezes superior a 50%. De fora, isso pode parecer arriscado. O que nem sempre é percebido é que o estúdio atua como o principal fundador da startup. Como resultado, a equipe dedicada da startup acaba tendo uma participação menor do que em modelos tradicionais. A solução é atrair pessoas que valorizem os benefícios do estúdio e estejam dispostas a aceitar essa troca.
- **Convencer os investidores pela primeira vez:** devido à estrutura de equity, investidores sem experiência com o modelo podem ser céticos. Para demonstrar o valor agregado do estúdio, é fundamental mostrar como ele continua contribuindo para o sucesso da startup mesmo após o spin-off. É comum também oferecer mais equity à equipe nas fases posteriores de captação para manter a motivação.
- **Autenticidade:** alguns temem que equipes compostas por "especialistas contratados" não consigam criar uma startup com a mesma paixão de um empreendedor que trabalha em sua própria ideia. Em minha visão, esse problema só ocorre quando se lida com inexperientes. Conheço muitos profissionais talentosos e experientes, que têm paixão por empreendedorismo e venture building, e que desejam construir uma carreira como CEOs profissionais. No fim das contas, o próprio estúdio e seus fundadores são fontes importantes de autenticidade.
- **Competição interna:** recursos centrais limitados podem ocasionar conflitos entre as startups internas. Para gerenciar essa situação, é necessário que os líderes definam diretrizes claras sobre como as startups podem acessar as equipes centrais e quais são as prioridades.

Reuniões regulares, no estilo Scrum, podem ajudar a manter todos alinhados com as prioridades e o trabalho futuro, fomentando um ambiente colaborativo e uma cultura de cooperação.

3.5. ABORDAGEM DO FUTURO DO ESTÚDIO

Como disse Ryan J. Negri, empreendedor em série e fundador do Laicos Startup Studio:

> "Normalmente, em tecnologia, quando você lê sobre algo em um livro, já é notícia velha. Desta vez, você está lendo sobre uma tendência que será muito popular em 1-3 anos. Do ponto de vista do investidor, colocar dinheiro em um estúdio deve ser fácil. Ao investir em uma empresa, você investe em todo um portfólio–todas as startups altamente avaliadas, qualificadas e guiadas, pela empresa e pela equipe principal em quem você confiou seu dinheiro em primeiro lugar."

Para o período de 2019 a 2022, prevejo quatro tendências:

1. Mais aceleradoras experimentarão o modelo de estúdio, pois buscam reduzir riscos e custos e aumentar o controle sobre o processo de criação de startups.
2. Haverá uma demanda maior por "Empreendedores Residentes" – pessoas que compreendam o modelo e possuam perfil empreendedor.
3. O modelo de estúdio será adotado como uma nova ferramenta pelos intraempreendedores, e as corporações começarão a experimentar essa abordagem como parte de suas estratégias de inovação.

4. A procura por mentores e conselheiros que saibam montar essa estrutura aumentará. Novos experimentos envolvendo estúdios de financiamento – com fundos que abrangem desde o investimento inicial até as rodadas pós-Série A – também devem surgir, e toda a estrutura evoluirá.

Esses são tempos animadores para quem deseja empreender e criar. Agora, a pergunta que fica é: esse modelo se encaixa no seu perfil?

4. OS ESTÚDIOS DE STARTUPS SÃO PARA MIM?

Para responder a essa pergunta, vamos analisar as vantagens de criar ou de ingressar em um estúdio. Mesmo que você não esteja diretamente envolvido na criação de startups, poderá encontrar informações úteis sobre como aplicar partes desse modelo – por exemplo, transformar ideias pessoais em projetos paralelos com potencial de lucro.

No capítulo anterior, destaquei que, para mim, os três principais valores dessa abordagem são: foco em valores e criação; aceleração do processo de desenvolvimento de empresas; e fortalecimento da equipe. Essa estratégia não é apenas interessante de se adotar, mas está se tornando essencial.

Há um grande volume de capital disponível para startups em ascensão, mas também enfrentamos problemas estruturais – aquelas falhas recorrentes, o desgaste causado pelo ritmo intenso e o fato de startups supervalorizadas acabarem fracassando. A abordagem do estúdio combate esses problemas ao:

- **Comprometimento antes da tração:** normalmente, os fundadores precisam demonstrar paixão por sua nova ideia para atrair parceiros e convencer investidores. Isso pode levar à "cegueira emocional", dificultando o abandono de uma ideia mesmo quando o mercado não a aceita. Metodologias como Design Thinking e Lean

Startup ajudam, mas os estúdios vão além, permitindo que empreendedores e inovadores provem a viabilidade das ideias – com todos os recursos necessários – antes de se comprometerem totalmente. O resultado é uma seleção mais refinada e, consequentemente, uma taxa de sucesso maior.

- **Redução do impacto negativo do fracasso:** em uma startup convencional, o fracasso pode significar o fim de tudo, com o conhecimento se perdendo e os empreendedores demorando para se recuperar. Em um estúdio, o efeito negativo é atenuado, pois, mesmo que uma iniciativa não funcione, há mecanismos para realocar os membros da equipe a novos projetos. Assim, a Core Team acumula cada vez mais experiência na criação, validação e lançamento de novos produtos ou serviços.

Se você deseja participar ativamente da criação de produtos e empresas e minimizar os riscos mencionados, este é o livro certo para você.

4.1. EMPRESÁRIOS E PROPRIETÁRIOS DE IDEIAS

Para os empreendedores que estão se preparando para lançar seu próximo projeto, o modelo do estúdio de startups reduz o risco e o impacto de um eventual fracasso, possibilitando a criação de uma startup de forma mais segura. Para quem está começando, o acesso à base de conhecimento do estúdio pode aumentar as chances de êxito.

Mesmo para empreendedores com experiência, os benefícios são notáveis: contar com uma equipe já estruturada para executar sua visão e uma ampla rede de investidores e parceiros que facilita a captação de recursos.

4.2. AGÊNCIAS DE SOFTWARE OU MARKETING

Se você gerencia uma agência e busca formas mais eficazes de utilizar seus recursos para gerar valor, pode se beneficiar desse modelo. Com as técnicas apresentadas neste livro, é possível dedicar parte da empresa à criação de startups internas – uma estratégia que pode oferecer um retorno muito mais atrativo do que os contratos tradicionais baseados em taxas fixas ou horárias.

4.3. ACELERADORAS E INCUBADORAS

Líderes de aceleradoras e incubadoras podem encontrar métodos que aprimorem seus programas de apoio a startups. Aceleradoras tradicionais – inclusive as patrocinadas por empresas – são úteis para:

- Proporcionar um espaço onde novos empreendedores aprendem o caminho da startup;
- trazer ideias inovadoras (às vezes ousadas);
- construir uma rede de contatos entre inovadores.

No entanto, o que acontece após o Demo Day costuma ser pouco. Muitas aceleradoras ficam apenas com alguns logotipos no portfólio, e a maioria das startups não sobrevive no ano seguinte, com atividades pontuais de ex-alunos.

Um excelente artigo de Steve Blank, "The Innovation Stack: How to make innovation programs deliver more than coffee cups", (disponível no Apêndice/Fontes) ressalta onde a abordagem do estúdio pode ter um impacto bastante positivo.

Aceleradoras tradicionais geralmente não conseguem:

- Explorar ao máximo o potencial das equipes que precisam recomeçar com novas ideias;
- Gerar lucros para a empresa ou fundo de investimento por trás do programa;
- Acompanhar as startups desde o Demo Day até a captação de recursos para venda.

Para isso, é necessário acrescentar uma camada que se assemelhe a um estúdio de startups – uma estrutura que realoca equipes de iniciativas que não deram certo e acompanha a startup desde a ideia até a venda. Mesclar uma aceleradora existente com uma "divisão" de estúdio pode aumentar significativamente a eficiência do sistema.

Estamos começando a ver esse movimento: até aceleradoras tradicionais, como a 500 Startups (com a 500 Labs) e a Techstars, já estão testando esse modelo, o que beneficia principalmente empreendedores e investidores.

4.4. INVESTIDORES

Para VCs e investidores anjos, o estúdio de startups representa uma fonte estável de oportunidades. Investir em um estúdio significa:

- Aplicar recursos em um portfólio de empresas cuja composição exata pode não estar definida no momento do investimento;

- Ter potencial de retorno por meio de dividendos ou da venda do equity das startups;
- Ter a chance de influenciar ativamente as características do portfólio, em alguns casos, desde a fase de ideação.
- Entre as principais vantagens, destacam-se:
- Investir de uma vez em diversas startups;
- Reduzir o impacto de um eventual fracasso – sem perda total da equipe, com recuperação mais rápida e reinício de novos projetos;
- Obter maior controle e governança – especialmente para investidores em estágios avançados, que podem investir em um estúdio para nutrir o futuro fluxo de negócios.

4.5. EMPRESAS

Inovadores corporativos descobrirão uma nova maneira de impulsionar a inovação em suas organizações. Embora muitas empresas gostem de se autodenominar inovadoras, geralmente elas são estruturadas para a estabilidade e não para a rápida criação de novas ideias. Cada vez mais, grandes corporações estão separando suas equipes de inovação da estrutura principal, protegendo-as da burocracia e, ao mesmo tempo, resguardando a marca principal dos riscos inerentes às startups.

Eu denomino isso de *Startup-as-a-Service*, tema que será abordado no capítulo sobre *Venture Builders corporativas*.

PARTE II

HISTÓRIAS

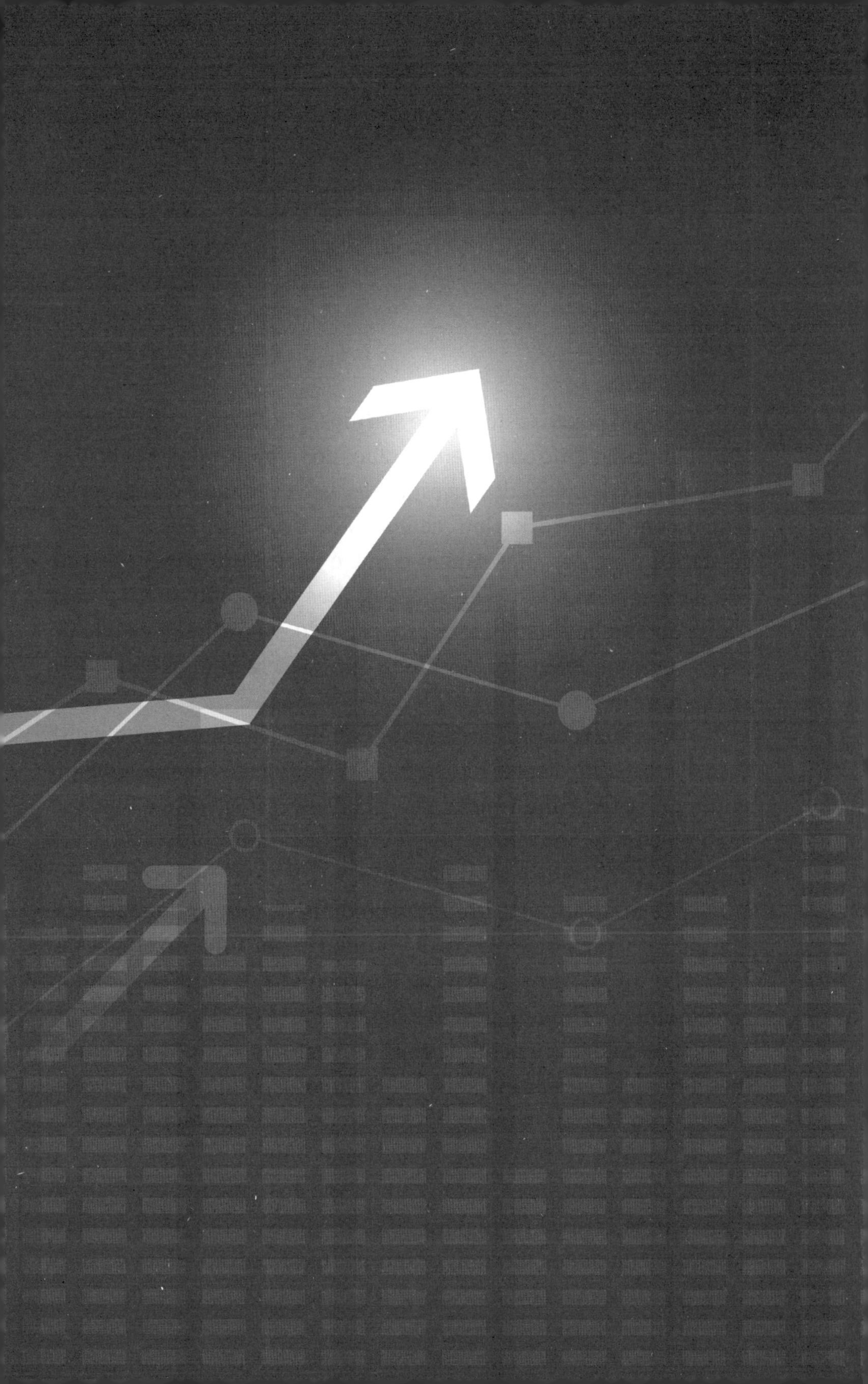

5. EMERGINDO DO BETA

Existem poucos estúdios de startups que alcançaram um reconhecimento tão forte que fazem os olhos dos empreendedores brilharem e abrem os bolsos dos investidores. Um exemplo é o Betaworks, sediado em Nova York. Com centenas de investimentos e dezenas de startups criadas, eles sabem o que é necessário para construir não apenas uma startup de sucesso, mas uma rede de empresas que se apoiam mutuamente. Neste capítulo – o primeiro estudo de caso – veremos como eles permitem que hackers e empreendedores prosperem.

"Queremos capacitar pessoas comuns para dominar a web." Essa é a visão de Daniel Ilkovich, CEO da Dexter. Mesmo conversando por videoconferência, sua paixão é contagiante e logo me envolvo com as inúmeras possibilidades de um futuro cada vez mais interconectado e automatizado.

A Dexter faz parte do portfólio do Betaworks, o lendário estúdio de startups de Nova York – lendário por uma razão. Desde 2007, eles investiram em mais de uma centena de empresas, sendo geralmente o primeiro capital a entrar. Parte do seu sucesso é arregaçar as mangas e acompanhar de perto as startups nas quais investem ou criam. Entre seus investimentos, estão nomes conhecidos como Tumblr, Venmo, Kickstarter e Medium, além de terem criado startups como Giphy, Chartbeat e Bitly.

A fórmula básica é, como na maioria dos estúdios, contar com uma equipe central forte para criar startups – com profissionais de ciência de dados, design, branding, distribuição, além de uma ampla experiência em produtos e uma rede sólida de investidores. Quando iniciam um projeto, como a Dexter, o financiamento inicial vem de dentro, até que a iniciativa ganhe tração. Conforme o experimento evolui e se mostra promissor, o Betaworks ajuda a equipe a captar recursos, criar uma empresa dedicada e crescer.

Há oportunidades para todos: hackers podem se juntar para explorar ideias e criar soluções juntos; equipes já formadas podem conseguir um investimento inicial; e o Betaworks é um excelente local para encontrar uma startup à qual se juntar.

Através da história de Daniel Ilkovich e da Dexter, vamos entender como funciona esse estúdio de startups.

5.1. O QUE É A DEXTER?

Existem diversas tendências em tecnologia, uma delas é a evolução da Interface do Usuário. Primeiro, tivemos os cartões perfurados, depois a interface de linha de comando e, em seguida, a interface gráfica. Hoje, contamos com a voz, chat bots e, quem sabe, o que virá a seguir.

No entanto, uma coisa permanece: para que nossos softwares funcionem, precisamos integrá-los de forma que diferentes aplicativos possam se comunicar e trocar dados. Isso é frequentemente alcançado por meio das chamadas Interfaces de Programação de Aplicativos, ou APIs. APIs são um conjunto de definições de rotina, protocolos e comandos que fornecem acesso a determinados recursos de um software, facilitando a integração entre dois ou mais sistemas sem a necessidade de criar um código personalizado a cada nova integração.

Para unir essas APIs e criar processos complexos e automatizações, é necessário um tipo de "cola". É nesse sentido que a Dexter atua, permitindo que desenvolvedores e outros profissionais integrem APIs de terceiros em um aplicativo que pode ser facilmente compartilhado e utilizado. Esses aplicativos podem variar desde alertas simples – que monitoram, por exemplo, alterações de preço e enviam notificações para um canal específico – até soluções mais elaboradas. A Dexter se destaca por oferecer uma combinação de flexibilidade e simplicidade quase ilimitada.

Com a Dexter, você pode transferir dados de um aplicativo para outro, gerenciar feeds RSS, configurar notificações e automatizar processos. Existem, inclusive, bots que auxiliam na compra e venda de imóveis. É possível criar aplicativos completamente novos com pouca necessidade de codificação, simplesmente conectando APIs.

A plataforma foi projetada para unir facilidade de uso com escalabilidade ilimitada. Enquanto outras "colas" disponíveis podem ser simples, elas apresentam sérias limitações. A Dexter remove essas barreiras, permitindo a criação de soluções complexas sem perder a facilidade de uso. Usuários iniciantes podem aproveitar aplicativos já publicados e personalizá-los, enquanto engenheiros mais experientes podem escrever e carregar seu próprio código JavaScript para criar funcionalidades avançadas. Isso viabiliza a democratização dos bots e da automação, que está no centro da visão de Daniel. Por esse motivo, a Dexter é desenvolvida inteiramente como uma plataforma aberta, onde os usuários podem utilizar seu próprio código JavaScript para criar novos bots e disponibilizá-los para a comunidade.

Daniel, que possui ampla experiência em automação empresarial, está criando a Dexter como um mecanismo que alimenta todas as funcionalidades que operam por trás da interface.

5.2. PRIMEIROS PASSOS

Daniel passou boa parte do início de sua carreira como consultor, enfrentando desafios de automação de negócios para empresas. Seu objetivo era descobrir como melhorar sistemas e processos corporativos, muitas vezes ultrapassados, de modo a capacitar as pessoas comuns em suas atividades diárias.

Em seguida, fundou sua própria empresa, criando ferramentas para o setor imobiliário que facilitavam a venda de apartamentos. Como um verdadeiro hacker de coração, Daniel sempre gostou de juntar elementos e fazê-los funcionar. Por exemplo, ele trabalhou no http://getmaid.com/, que posteriormente foi adquirido pela Homejoy. Essa mentalidade, aliada a uma antiga amizade, o levou a participar de um projeto de startup sob o guarda-chuva do Betaworks. Uma coisa levou à outra, e Daniel acabou ingressando no bem-sucedido programa Hacker-In-Residence.

Com sua formação e experiência, Daniel poderia ter iniciado uma startup de forma tradicional. No entanto, como um profissional voltado para produtos, o que ele realmente queria era criar algo que funcionasse, que as pessoas utilizassem, para depois refiná-lo e passar para o próximo desafio. E, considerando que ele já tinha uma família, o universo das startups de alto risco não era a melhor opção. Por outro lado, o ambiente criativo aliado à segurança proporcionada pelo Betaworks era o playground ideal para ele.

O programa Hacker-In-Residence funciona como um caldeirão para grandes talentos. Engenheiros podem participar, com ou sem ideias próprias, e o critério de recrutamento, além do ajuste cultural, é a capacidade de criar algo de forma independente. Uma vez admitidos, os participantes ficam livres para experimentar novas ideias de produtos que podem se transformar em uma das próximas grandes iniciativas do estúdio. Em 2013, por exemplo, essas iniciativas incluíram startups que hoje são populares, como Giphy, Dots e Poncho.

Ao entrar no programa, os interesses de Daniel se voltaram para a automação de processos de negócios, embora inicialmente ele não tivesse uma visão clara do produto. Ele experimentou diversas ideias até se sentir preparado para apresentá-las aos parceiros do Betaworks. No entanto, todas as propostas o levaram de volta ao tema que sempre o fascinou: como capacitar as pessoas a aproveitar ao máximo a tecnologia?

Antes do dia do pitch, Josh Auerbach, sócio e CFO do Betaworks, enviou um memorando perguntando: "Você tem alguma ideia que deseja criar?" A partir dessa mesa redonda, em que todas as possibilidades foram discutidas, a decisão de criar a Dexter tomou forma, enfrentando os desafios habituais dos estúdios de startups. Há sempre vários projetos para escolher, mas os recursos são limitados. Por isso, a administração do Betaworks analisa critérios implícitos e explícitos, como a visão e o ajuste das ideias com as tendências tecnológicas. É nesse ponto que uma alta administração experiente e flexível faz toda a diferença. No Betaworks, cada startup tem seus próprios marcos e prioridades, e a equipe da BW se mostra adaptável a essas necessidades.

Considerando que as APIs estão transformando o mercado e que Daniel possuía amplo conhecimento em automação de processos de negócios, Josh acreditava que a Dexter poderia se tornar mais uma história de sucesso do Betaworks. A expectativa era que, uma vez conhecida, essa tecnologia formasse comunidades massivas de pessoas que se capacitassem mutuamente – o objetivo final.

Uma vez aprovada a ideia, o Betaworks investe uma quantia modesta para criar um beta, lançá-lo e verificar seu desempenho. Conforme a iniciativa se mostra mais promissora, são aplicados recursos adicionais para expandir a base de usuários, aprimorar o projeto e, eventualmente, transformá-lo em uma empresa separada e autônoma.

5.3. CRESCER EM UM ESTÚDIO

Após algumas semanas e com um protótipo já em funcionamento, chegou o momento de definir a estratégia para validar e expandir a Dexter. A ideia inicial era direcionar a plataforma para engenheiros, que poderiam contribuir com seus próprios desenvolvimentos para o marketplace de apps da Dexter, criando diversas oportunidades para o uso de bots predefinidos. Quando a base de usuários e o conteúdo especializado atingirem uma massa crítica, será mais simples expandir para outros segmentos e alcançar o público final.

Nos primeiros dias, o Betaworks organizou um hackathon dedicado à Dexter. Com a participação de dezenas de engenheiros, tanto do universo interno do Betaworks quanto externos, o evento se mostrou um terreno fértil para testar e aprimorar o protótipo. Até sócios seniores – como John Borthwick e o sócio e CFO Josh Auerbach – desenvolveram seus próprios aplicativos utilizando a plataforma, demonstrando confiança no uso do próprio produto.

Os resultados iniciais foram promissores. A Dexter se destacou em demonstrações realizadas em meetups e hackathons, tornando esses eventos um dos melhores canais para atrair os early adopters. Como o Betaworks não busca monetização imediata, Daniel e sua equipe têm o tempo necessário para expandir a plataforma e alcançar uma base sólida de usuários profissionais antes de abrirem o acesso para o público em geral.

O crescimento e a aquisição de usuários são desafios complexos. No momento, a Dexter é uma ferramenta valiosa para os engenheiros, e a monetização ainda não é prioridade. Com o apoio dos primeiros adeptos, a plataforma crescerá e se tornará uma robusta ferramenta de distribuição, permitindo que Daniel e sua equipe expandam seu alcance para outros segmentos de clientes.

5.4. BENEFÍCIOS PARA O EMPREENDEDOR

Um dos grandes benefícios oferecidos pelo Betaworks é a flexibilidade, tanto na experimentação de ideias quanto na alocação de recursos. Além disso, a sede do Betaworks proporciona um ambiente inspirador, onde o fluxo de ideias é constante e as pessoas se sentem parte de uma verdadeira família.

Nos estágios iniciais, quando a visão estava se consolidando e o produto já podia ser aprimorado, Daniel teve acesso fácil ao banco de talentos do Betaworks e conseguiu contratar freelancers para refinar o protótipo. Hoje, após mais de um ano e com a Dexter desmembrada da "nave-mãe", a empresa conta com uma equipe dedicada de quatro engenheiros. Com o apoio contínuo de parceiros como Josh, Daniel desfruta da liberdade para administrar seus negócios da maneira que considera ideal.

Ainda que criar uma startup em um estúdio geralmente implique uma divisão significativa do equity – neste caso, cerca de 50% para o Betaworks e 50% para a equipe – os recursos e benefícios oferecidos, como espaço, equipe, rede de contatos e experiência, tornam esse acordo bastante justo.

Daniel, que adora codificar e hackear, encontrou no programa Hacker-In-Residence um ambiente seguro e criativo. Não precisar se preocupar com o impacto de um fracasso inicial, elaborar um plano de negócios ou buscar investimento por meses é um grande alívio. Quando o Betaworks acredita na sua visão, o "passo do guardanapo" é suficiente para viabilizar a construção do beta, seu lançamento e a avaliação de seu desempenho.

Ter um estúdio ao lado permite que o empreendedor se concentre no desenvolvimento do produto e no crescimento, sem se preocupar tanto com a parte administrativa. Os parceiros do Betaworks oferecem suporte nos processos de back-office, eliminando a necessidade de montar uma equipe administrativa dedicada – o que economiza tempo e dinheiro, especialmente para um CEO focado em produtos, como é o caso de Daniel.

Felizmente, desde o início houve um forte encaixe cultural entre Daniel e o Betaworks. Embora, como introvertido, ele normalmente preferisse trabalhar sozinho em um canto, o ambiente vibrante e acolhedor da sede do Betaworks o envolveu e energizou. Sem contar que a proximidade com outras empresas-irmãs cria um campo de testes perfeito para uma ferramenta como a Dexter.

5.5. COMO PASSAR DE DESENVOLVEDOR PARA CEO?

Não é comum que um programador talentoso, como Daniel, assuma o papel de CEO. Embora os estúdios possam contratar um empreendedor de fora para comandar o negócio, nesse caso, não houve necessidade. Daniel sempre gostou de hackear as coisas e testar se elas funcionam.

Ser um CTO forte – o caminho mais esperado nessa situação – exigiria muita disciplina tecnológica. Assim, quando a Dexter começou, Daniel e o Betaworks optaram por adiar a decisão sobre quem lideraria os negócios. Quando o produto estava pronto para o spin-off, Josh, principal parceiro e mentor de Daniel, simplesmente afirmou: "Você é o CEO."

Fácil de dizer e, nesse caso, fácil de fazer. Daniel não apenas construiu a visão e o produto inicial, mas também demonstrou habilidade na captação de recursos. Ele conseguiu se integrar na parte administrativa do negócio e, com todo o suporte do estúdio e de seus parceiros, ainda encontra tempo para continuar programando.

5.6. QUAIS SÃO OS PRÓXIMOS PASSOS PARA A DEXTER?

A equipe da Dexter está em crescimento. O que Daniel desenvolveu nos primeiros dias evoluiu para um produto maduro e funcional, com o apoio das pessoas que agora se dedicam exclusivamente à Dexter. O próximo passo será contratar um VP de Engenharia para garantir que a plataforma seja escalável.

O objetivo é atingir uma massa crítica de usuários, expandir para outros segmentos de clientes e, eventualmente, monetizar o aplicativo. Até lá, o Betaworks continuará investindo na visão e ajudando na captação de recursos quando necessário.

Com a Dexter, o Betaworks consolida sua posição no universo dos bots e integrações via API. Recentemente, eles anunciaram o BotCamp, um programa pré-semente de 90 dias para startups de chatbots, funcionando como uma mini-aceleradora que reúne iniciativas que se potencializam mutuamente.

E é dessa forma que o Betaworks segue construindo seu impressionante império de estúdios – uma startup de cada vez.

6. TECHNOSPARK: UMA FACILITADORA DE STARTUPS DE HARDWARE

Construir um estúdio de startups no universo digital já é desafiador. Antes de 2016, eu considerava praticamente impossível criar uma organização de venture building no setor de hardware. Foi então que conheci Denis Kovalevich, CEO e acionista da TechnoSpark, uma venture builder especializada em hardware. Tive a oportunidade de visitar sua sede em Troitsk, Moscou, e fiquei impressionado com a implementação da estrutura de estúdio de startups. No capítulo a seguir, Denis compartilha como eles conseguem desenvolver dezenas de startups de robótica, biotecnologia e outros empreendimentos baseados em materiais 2-3 vezes mais rápido que a média do setor.

O Grupo TechnoSpark é uma empresa privada de venture building especializada na criação, desenvolvimento e venda de startups de alta tecnologia no setor de hardware. O objetivo da nossa tecnologia de construção de empreendimentos é reduzir drasticamente o custo final de criação de uma startup. Por isso precisamos diminuir o tempo necessário para estabelecê-las. Atualmente, uma startup média na indústria de hardware leva entre 15 e 20 anos para ser estabelecida e crescer; nosso objetivo é conseguir isso 2 a 3 vezes mais rápido. Isso nos permitirá reduzir o custo das startups prontas para venda em 5 a 10 vezes. Também adotamos o princípio da venda e transferência rápida e simples da startup para o cliente final. Consideramos uma startup como um produto padronizado e de fácil utilização.

Fundamos a TechnoSpark em 2012 como uma parceria entre um time de empreendedores privados e o maior investidor em tecnologia da Rússia, o grupo Rusnano. Com capital próprio, a TechnoSpark iniciou a construção de mais de 100 novas startups tecnológicas nos últimos 6 anos.

Nosso modelo de negócios pode ser descrito como uma "esteira de inovações". A cada ano, nossa equipe lança de 10 a 15 novas empresas; anualmente, algumas das jovens startups tornam-se candidatas à expansão; algumas dessas candidatas alcançam a posição de líderes de mercado, passam por sua primeira avaliação objetiva e são preparadas para venda. Podemos vender nossas startups em qualquer etapa do processo de construção, que dura aproximadamente 7 a 9 anos, desde o lançamento inicial até a entrada no ranking de líderes de mercado.

Esses princípios permitem que nossa venture builder experimente diferentes modelos de negócios em startups independentes para aproveitar diversas oportunidades de mercado. Focamos na flexibilidade e na margem de manobra durante o processo de construção dos empreendimentos, tornando possível reconhecer o fracasso em uma área para maximizar os retornos onde há lucro real a ser obtido.

6.1. EMPRESAS CONTRATADAS E STARTUPS DE PRODUTOS

Criamos startups de produtos em uma ampla gama de tecnologias de hardware. As mais notáveis são: circuitos integrados eletrônicos de plástico flexível, fotovoltaicos de filme fino, sistemas de armazenamento e captação de energia, robótica e serialização para armazéns, lasers para microusinagem e ablação, implantes individuais impressos em 3D, bicicletas e esquis de material composto, sistemas de oftalmologia com lasers de femtossegundo, fontes de EUV e diamantes artificiais para uso industrial.

Paralelamente às startups de produtos, desenvolvemos dezenas de serviços contratados: design industrial e engenharia, fabricação de metal e mecatrônica, trançado composto, revestimentos ópticos, microbiologia industrial, genômica médica, entre outros. Essas empresas são as principais parceiras de infraestrutura para nossas startups de produtos, mas também atuam como negócios independentes. É fundamental separar esses dois tipos de empresas para maximizar sua eficiência.

Definimos as empresas contratadas da seguinte forma:

- É proibido investir em produtos próprios.
- Produzem produtos sob encomenda para clientes e não competem com eles.
- Focam principalmente em investimentos de CapEx, com valores elevados.
- Cobrem 70% dos investimentos da TechnoSpark.
- Geram receita imediatamente após a operacionalização de novos equipamentos e laboratórios.
- Concentram-se na redução de despesas gerais e na taxa de produtividade.
- Indicador-chave de desempenho: tempo até o ponto de equilíbrio.

As empresas de produtos apresentam as seguintes características:

- Minimizam o investimento em capacidades de produção.
- Fazem pedidos com empresas contratadas para fabricar seus produtos.

- Focam principalmente em investimentos de OpEx, com valores menores.
- Cobrem 30% dos investimentos da TechnoSpark.
- Reinvestem a receita no desenvolvimento.
- Concentram-se em reduzir o tempo necessário e o custo para as novas gerações de seus produtos.
- Indicador-chave de desempenho: tempo desde o lançamento até a venda do produto.

A TechnoSpark decide de forma independente quais empresas iniciar. A maioria dos conceitos para novos negócios surge de análises internas e foca em novas oportunidades que emergem durante o processo de construção dos empreendimentos.

Cerca de metade das nossas startups são geradas por nossas próprias ideias tecnológicas. Vou explicar como isso funciona usando o exemplo do desenvolvimento de um robô logístico. A questão principal para o sucesso desse robô no mercado é otimizar seu design para produção em massa. O objetivo não é criar uma única amostra de um dispositivo, mas desenvolver a capacidade de produzi-lo em centenas de milhares de unidades por ano com economia razoável. Nesse sentido, o sistema de divisão do trabalho exige empresas que possam produzir componentes para ele. Por exemplo, se não houver inversores no mercado que se adequem ao nosso robô, criamos uma empresa que passa a desenvolvê-los. E, naturalmente, essa empresa desenvolve inversores não apenas para o nosso robô, mas para quaisquer outros robôs e aplicações.

Assim, qualquer negócio tecnológico abre oportunidades para entrar em outros negócios de tecnologia, para identificar lacunas na cadeia de divisão do trabalho e preenchê-las. Esses nichos sempre existem em indústrias novas e emergentes. Há sempre mais espaços vazios do que empreendedores disponíveis.

6.2. HIPERESPECIALIZAÇÃO E AGILIZAÇÃO DO PAPEL DO EMPREENDEDOR

Graças a esse sistema de divisão de trabalho, os engenheiros em nossas startups são extremamente focados em suas tarefas. Chamamos esse sistema de "hiperespecialização". Cada uma das diversas empresas focadas resolve suas tarefas mais rapidamente do que uma empresa grande, vertical ou horizontalmente integrada.

A segunda área de desenvolvimento está ligada à escassez de empreendedores – pessoas dispostas a assumir riscos e a iniciar negócios. Aqui também aplicamos a especialização, dividindo a atividade empreendedora em diferentes áreas, assim como a gestão já foi dividida. O objetivo é transformar a construção de empreendimentos em uma profissão. Vale lembrar que, em um passado relativamente recente, os gerentes eram vistos como talentos únicos, mas hoje é uma profissão comum, que pode ser aprendida com certo esforço e sem necessidade de talentos especiais. O empreendedorismo deve passar por uma evolução semelhante. Para isso, dividimos o processo de venture building em especializações separadas, ou funções, que são muito mais fáceis de executar do que lidar com uma ampla gama de questões, como os empreendedores precisavam fazer anteriormente.

6.3. FORTES PARCERIAS INTERNACIONAIS

Parte da nossa estratégia é cooperar especialmente com os principais centros de pesquisa internacionais. A TechnoSpark tem anos de experiência trabalhando como parceira industrial nos programas de afiliados da IMEC e KU Leuven (Bélgica), Solliance, Holst, TNO e ECN (Holanda), Flex Enable (Reino Unido), entre outros. Criamos joint ventures e acordos de desenvolvimento conjunto com empresas globais de tecnologia. Também oferecemos oportunidades para que produtos de alta tecnologia sejam adaptados aos mercados russos, como os mercados médicos e de manufatura aditiva. Nossas duas sedes internacionais estão localizadas no High-Tech Campus Eindhoven, na Holanda, e no Tsinghua Science Park, em Pequim, China.

6.4. RENOVAÇÃO DA MENTALIDADE EMPREENDEDORA

Nossa iniciativa não visa apenas construir empreendimentos para nosso próprio benefício, mas também renovar a mentalidade empreendedora em nossa região, onde a atividade de inovação ainda é relativamente baixa. A geração de empresas inovadoras pode, se não reverter completamente, ao menos melhorar significativamente essa situação.

Transformar a percepção pública do empreendedorismo faz parte da nossa missão. O número de empreendedores na Rússia é menor do que em qualquer país tecnologicamente avançado. A maioria dos estudantes sonha em trabalhar em grandes corporações estatais como gerentes ou engenheiros, aspirando a cargos executivos. O percentual de pessoas interessadas em empreendedorismo é mínimo. Desde os anos 1990 na Rússia, quando os negócios estavam principalmente ligados ao comércio, a sociedade se esqueceu de que os empreendedores são responsáveis pela criação de empregos e pela geração de receitas. Isso precisa ser explicado.

Para transmitir os princípios de nossas atividades, criamos um simulador de negócios chamado "Construa uma empresa, venda uma empresa". Os participantes passam pelas mesmas etapas típicas que um empreendedor enfrenta durante a construção de uma startup. Além disso, publicamos uma revista e livros, e apresentamos a rede de construção de empreendimentos a milhares de estudantes a cada ano.

6.5. DIMENSIONANDO O MODELO TECHNOSPARK

Queremos escalar nosso modelo de negócios de fábrica de startups, o que também não é uma tarefa simples.

A TechnoSpark desempenha um papel de liderança na primeira Rede de Venture Building da Rússia. Esta rede, na qual o Fundo de Infraestrutura Rusnano investiu, inclui empresas de construção de risco com sede em São Petersburgo, Kazan, Ulyanovsk, Saransk, Novosibirsk, Tomsk, Zelenograd e Dubna. A TechnoSpark está transmitindo seu modelo de negócios exclusivo para essas empresas como uma franquia, criando startups conjuntas, participando de seus conselhos e treinando equipes locais.

Coletamos e analisamos "dados de rastreamento" de dezenas de nossas startups, cada um contendo uma descrição detalhada das atividades: quais decisões foram tomadas, quando e por quê, como acessamos o mercado, quanto investimos, qual caminho tecnológico foi seguido, etc. Tais dados são necessários porque as startups são avaliadas pelo conhecimento acumulado sobre o mercado e pelas tecnologias que possuem. Oferecemos aos nossos compradores a oportunidade de adquirir uma empresa transparente, com um histórico valioso e um modelo de negócios focado, para integrá-la efetivamente em suas estruturas.

- Denis Kovalevich

7. GAME PLAN

Com mais de 10 empresas, 2 saídas, uma grande visão e estratégias bem definidas para realizar seus objetivos, a eFounders é um dos mais brilhantes exemplos de inspiração no cenário europeu de estúdios de startups. Em 2016, ao comemorar seu quinto aniversário, as empresas da eFounders alcançaram uma avaliação de US$125 milhões, junto com mais de US$1,5 milhão em MRR (Receita Mensal Recorrente). Hoje, esses valores são ainda mais expressivos. Além disso, eles têm realizado um trabalho excepcional para a comunidade de estúdios de startups. Há alguns anos, administraram o buildtogether.co – uma coletânea de artigos relacionados a estúdios e um diretório de venture builders. No capítulo a seguir, escrito por Thibaud Elziere e Pauline Tordeur, eles nos oferecem uma visão rara e profunda de sua plataforma, seu Game Plan.

Ao longo dos anos, um estúdio que constrói empresas repetidamente, como a eFounders, acumula know-how, conhecimentos e habilidades multidisciplinares. Para aproveitar esse vasto conhecimento, desenvolvemos processos e uma estrutura que disponibilizamos para nossos projetos. Acreditamos que esta é a única maneira de criar experiências replicáveis para cada uma de nossas criações. Por isso, os processos estão no centro da nossa abordagem. Nossa plataforma é nossa espinha dorsal.

7.1. O VALOR DE UM ESTÚDIO É SUA PLATAFORMA

Nosso estúdio não poderia funcionar sem as pessoas extraordinárias que compõem nossa equipe principal. Dedicamos muito tempo e atenção ao recrutamento e à contratação da combinação perfeita de talentos. Sem essa equipe central, nossa plataforma não seria eficiente. As pessoas são o elemento fundamental.

O objetivo da eFounders é transformar ideias únicas em empresas independentes. Quando lançamos um projeto, dividimos sua fase inicial em 4 etapas distintas: início, construção, escala e crescimento. A fase inicial concentra-se em encontrar/validar uma ideia e contratar cofundadores. Uma vez concluída, avançamos para as fases de construção/escala, nas quais a equipe principal do estúdio trabalha intensamente junto aos cofundadores. Esse período geralmente dura 18 meses.

Para maximizar nossa eficiência durante esse período, estabelecemos um Game Plan. Trata-se de um documento detalhado que define minuciosamente os processos que devemos concluir mês a mês durante esse ano e meio.

Quando a empresa está pronta para deixar o ninho e se tornar financeira e operacionalmente independente, os fundadores gradualmente constroem sua própria equipe e cultura em seu escritório. É a fase de crescimento.

Durante as 3 primeiras fases, cada processo está vinculado a uma equipe dedicada. Acreditamos que esses processos representam a melhor maneira de construir startups sólidas e avançar mais rapidamente do que qualquer outra estrutura. Ao mesmo tempo, sabemos como manter a flexibilidade e respeitar a singularidade de cada empresa.

Vamos explorar mais profundamente nossa plataforma!

7.2. NOSSO GAME PLAN: O INGREDIENTE SECRETO DA EFOUNDERS

Tudo começa com a fase inicial, na qual geramos e validamos todas as novas ideias.

Nossa equipe de estúdio (efounders.co/team) é multidisciplinar. Cada pessoa tem uma formação diferente e, consequentemente, traz perspectivas únicas para criar novas startups. O time é composto por empreendedores, designers, desenvolvedores, profissionais de marketing e especialistas em produto.

Para estruturar nosso processo criativo:

- Realizamos mensalmente o "Café da Manhã de Ideação", um momento em que todos podem apresentar suas ideias, embora também surjam propostas naturalmente no dia a dia.
- Quanto às ferramentas, utilizamos o Feedly para acompanhar notícias e nos mantermos atualizados, e criamos um canal no Slack sempre que consideramos que uma ideia merece ser discutida.

Esse sistema nos permite gerar aproximadamente 20 novas ideias por ano.

Quando identificamos uma ideia com grande potencial – principalmente graças à combinação de experiência, conhecimento e intuição – a submetemos a um processo de validação que dura cerca de dois meses. Nesse período, realizamos:

- Análise profunda de mercado (análise setorial e da concorrência).
- Análise técnica (tecnologia e prova de conceito).
- Criação de produto (protótipo e mockup): começamos a desenvolver um MVP básico e testá-lo internamente.

- Feedback dos usuários: nossa rede é parte fundamental da nossa plataforma, contando com diversas empresas que frequentemente testam nossos MVPs e nos fornecem avaliações valiosas.

O processo de validação nos permite confirmar ou refutar nossas intuições iniciais. Enquanto avançamos passo a passo, continuamos testando a ideia com nossa rede, observando o mercado e também reservamos tempo para reflexão. A validação ocorre de forma progressiva: enquanto não arquivamos uma ideia, podemos continuar dedicando gradualmente mais esforços a ela.

Toda a equipe principal participa desses processos. Ao final, das 20 ideias anuais, geralmente selecionamos apenas 4 que realmente queremos desenvolver.

No entanto, é raro abandonarmos definitivamente uma ideia. Frequentemente, decidimos não desenvolver determinado projeto no momento, mas o mantemos em nossa mente. Isso significa que normalmente continuamos conversando sobre o tema e acompanhando as startups de SaaS no mesmo segmento.

Para nossos cofundadores, não buscamos simples "gestores", mas empreendedores excepcionalmente qualificados e ambiciosos. Na eFounders, o objetivo é que cada uma das nossas startups se torne completamente independente. Por isso, os cofundadores precisam se imaginar liderando uma empresa bilionária a longo prazo.

Os Fundadores de Negócios e Técnicos são responsáveis por transformar uma ideia em uma empresa de crescimento acelerado, o que envolve gerenciar todos os aspectos de negócios ou tecnologia. Quanto mais cedo recrutamos cofundadores, mais rapidamente eles se apropriam do projeto.

Os critérios para ingressar na eFounders como Fundador Técnico ou de Negócios são rigorosos.

Para o Fundador Técnico, o candidato ideal:

- É um empreendedor apaixonado por tecnologia (obviamente!).
- É um desenvolvedor full-stack e realizador, pois construirá tudo por conta própria (tecnologias back & front-end com Node JS, Angular JS, MongoDB, etc.).
- É capaz de se tornar um CTO, demonstrando habilidades interpessoais para formar uma equipe técnica e dominar gerenciamento de projetos e recrutamento.

Os critérios para Fundadores de Negócios incluem:

- Espírito empreendedor.
- Fortes habilidades analíticas e abordagem orientada por dados.
- Interesse no desenvolvimento de produtos de software e no mercado de SaaS.
- Capacidade de liderar e convencer todas as partes interessadas (equipe, clientes, imprensa, investidores, etc.).
- Busca constante por superação e alto grau de autonomia, considerando a independência da função.
- Aprendizado rápido, resolução de problemas e forte senso de negócios.

Para essas posições, recebemos mais de 100 candidaturas mensais. É um volume considerável, por isso grande parte do nosso trabalho é dedicada ao recrutamento – antes de fazermos uma oferta, os candidatos conhecem individualmente toda a equipe. Selecionamos apenas 4 empreendedores por ano, então precisamos acertar em nossas escolhas.

Após selecionar as ideias certas e ter as pessoas certas a bordo, passamos para as fases de Construção e Escala.

Em nosso Game Plan, existem diferentes tipos de processos: estratégia, administração, tecnologia, criação, produto, marketing e vendas. O plano completo inclui 166 processos distribuídos entre o mês 1 e o mês 18.

Construção - Desenvolver um MVP para testar com usuários o mais cedo possível (geralmente dura 9 meses):

- Realizar ações que não são escaláveis inicialmente.
- Conquistar 25 usuários-piloto que utilizem o produto diariamente.
- Foco intenso no produto, pouco em marketing.
- Confirmar o product/market fit e formalizar a empresa.

Exemplos de ações que realizamos durante esta fase:

- **Estratégia**: Definir perfil dos usuários/clientes-alvo primários (Mês 1), Elaborar documento de posicionamento (Mês 2), Estabelecer valores da marca (Mês 3), Desenvolver o primeiro plano de preços (Mês 9).
- **Produto**: Revisar os mockups iniciais (Mês 1), Escolher/configurar ferramentas (Mês 2), Especificar o MVP (Mês 3), Implementar ferramentas de gestão de pagamento/assinatura (Mês 9).

Escala: Testar canais de aquisição e migrar para clientes pagantes (Geralmente dura de 9 a 18 meses):

- Utilizar todos os recursos disponíveis: marketing, relações públicas, recrutamento de vendedores.
- Alcançar Receita Recorrente Mensal (MRR) e escalar.

- Transferir conhecimento do estúdio para a equipe de co-fundadores, permitindo que gradualmente formem sua própria equipe e cultura.

Exemplos de ações que realizamos durante esta fase:

- **Marketing**: Definir/utilizar palavras-chave principais de SEO e tags HTML/meta (Mês 11), Implementar estratégia de anúncios em mídias sociais como Facebook/Twitter (Mês 14), Realizar otimização de conversão e testes A/B (Mês 16), Analisar o desempenho do funil e recomendar melhorias de UX/UI (Mês 16).
- **Vendas**: Definir canais/ferramentas de suporte ao cliente (Mês 10), Recrutar o primeiro desenvolvedor de negócios (Mês 11), Escolher/implementar CRM e Aircall (Mês 12), Atualizar/fazer upsell para clientes ativos (Mês 14).

Nossa plataforma também consiste em processos rotineiros que estruturam o trabalho diário e nos permitem manter o foco constante em construir e escalar.

7.3. OPERAÇÕES DO DIA A DIA: PROCESSOS E FERRAMENTAS DE ROTINA

Aos domingos à noite, os CEOs de cada projeto enviam um e-mail ao estúdio fazendo um balanço da semana anterior e apresentando a agenda da semana que se inicia. Eles precisam definir claramente a prioridade número 1 da semana e indicar o quanto o projeto está avançando em direção aos seus principais objetivos. Este momento serve, sobretudo, para que o CEO faça uma pausa e reflita, afastando-se um pouco das operações cotidianas. Pode parecer um pouco formal, mas na verdade tornou-se um elemento fundamental do nosso método.

Todas as segundas-feiras pela manhã, realizamos uma reunião inicial de 30 minutos para cada projeto, onde toda a equipe revisa a agenda semanal. Este encontro garante que todos estejam alinhados sobre a direção do projeto e as tarefas a serem executadas durante a semana. É também o momento ideal para motivar a equipe e, quando necessário, solucionar eventuais problemas.

Nas sextas-feiras à tarde, dedicamos 1 hora ao Comitê de Produto de cada projeto. Este é o espaço para discutirmos o que foi desenvolvido durante a semana em termos de produto (melhorias, mockups) e o que está planejado para a semana seguinte. Esta reunião concentra-se em debates e decisões sobre o desenvolvimento do produto, não sendo destinada a reflexões estratégicas profundas. Quando os projetos completam 9 meses, o Comitê de Produto é reduzido para 30 minutos, e os outros 30 minutos são dedicados ao Comitê de Marketing.

A cada trimestre, reservamos um dia inteiro para o nosso Demo Day interno. Os CEOs e CTOs de cada startup dispõem de 20 minutos, incluindo uma demonstração de 5 minutos, para apresentar seus produtos e planos para o ano seguinte às equipes do estúdio e dos projetos. Um mês após o Demo Day, estabelecemos as metas a serem alcançadas até o próximo evento e as exibimos publicamente em nosso escritório. As equipes se mostram muito mais determinadas e focadas quando têm objetivos claros a perseguir.

7.4. FERRAMENTAS QUE USAMOS NO DIA A DIA

Utilizamos diversos produtos SaaS para marketing, vendas, desenvolvimento e design, como qualquer outra empresa, mas para nossas operações diárias, trabalhamos com um conjunto limitado de ferramentas essenciais.

O Trello é nossa ferramenta principal para gerenciar as tarefas diárias de marketing e relacionadas ao produto. Nossa reunião do comitê de produtos às sextas-feiras concentra-se basicamente na criação e movimentação de cartões em nossos quadros do Trello.

Todos os nossos quadros do Trello seguem a mesma estrutura: Backlog | A Fazer | Fazendo | Testando em Staging / A Validar | Pronto para Produção | Feito esta Semana

Para a comunicação diária, contamos com o Slack. A eFounders e os projetos internos compartilham canais e salas comuns. Naturalmente, existem também canais específicos dedicados a cada projeto e tarefa.

Os processos da eFounders foram desenvolvidos para garantir uma experiência replicável cada vez que criamos uma nova empresa. No entanto, como a equipe está sempre evoluindo, consideramos fundamental que todos os membros documentem frequentemente seus conhecimentos e insights para as próximas gerações.

Foi pensando nisso que desenvolvemos ferramentas internas. Uma delas chamamos de "Os Livros". Qualquer pessoa pode contribuir para um livro existente ou criar um novo – é um processo simples, usando a sintaxe Markdown.

Nossa outra ferramenta ainda não recebeu um nome oficial, mas já está em pleno funcionamento. O conceito é criar uma breve documentação para cada processo do nosso Game Plan. Esta plataforma, que podemos chamar provisoriamente de OperationX, será nossa base de conhecimento e um verdadeiro tesouro sobre como criar uma startup na eFounders. Alguns exemplos de documentos incluem:

- Como fazer commits no GitHub;
- como fornecer feedback sobre design;
- como executar uma campanha de mídia social;
- como dominar um pitch de vendas;
- ... e muito mais.

7.5. UMA REDE E UMA GRANDE MISTURA DE TALENTOS

A verdadeira base da plataforma de um estúdio é sua equipe principal. Na eFounders, contamos com um time multidisciplinar: reunimos uma combinação única de talentos para apoiar nossos projetos em todas as frentes. A divisão de responsabilidades é bastante clara:

Criativo: desenvolve identidades de marca com UX/UI fluidas, além de alinhar as funcionalidades do produto com uma estética refinada.

Tecnologia (efounders.co/hackers): equipe formada por desenvolvedores full-stack seniores e juniores que codificam toda a infraestrutura de um projeto desde o início (front-end e back-end). Eles desenvolvem, lançam e mantêm nossos produtos desde o MVP até os estágios finais, em parceria com os fundadores de tecnologia.

Produto: responsável por todos os protótipos para cada um dos nossos produtos, bem como pelo planejamento dos principais recursos e navegação em todos os dispositivos.

O **Marketing** divide-se em duas vertentes: por um lado, o Marketing de Conteúdo, que lidera iniciativas de visibilidade para o estúdio e nossas startups (marca, conteúdo do site, blogs); por outro, o Growth Hacking, que trabalha na aquisição de usuários e geração de leads, além de marketing orgânico (SEO, inbound) e pago (SEM, AdWords, campanhas em mídias sociais).

Vendas (efounders.co/associates): os CEOs de cada projeto e os Associados trabalham em conjunto no desenvolvimento de negócios, desde os primeiros pilotos até os primeiros usuários pagantes.

Administrativo: os cofundadores também recebem suporte em tarefas administrativas. A equipe auxilia com contratos, contabilidade, registro de marcas e constituição das empresas.

Essa diversidade de talentos é o que nos permite criar, construir e escalar startups mais rapidamente do que qualquer outra organização. Na prática, ter uma equipe tão multidisciplinar possibilita implementar 166 processos sem ajuda externa, utilizando apenas nossos recursos internos. É o que chamamos de "capital humano".

O **ContactX** é uma ferramenta que desenvolvemos e utilizamos internamente para gerenciar nossa extensa rede. Todos os projetos podem acessar nosso banco de dados com 6.000 contatos e encontrar:

- Usuários piloto
- Potenciais contratações
- Especialistas
- Jornalistas e investidores

Para cada contato, além das informações básicas (e-mail, trabalho), especificamos o relacionamento que essa pessoa mantém com um membro da equipe eFounders. Acreditamos que essa é a melhor maneira de garantir apresentações eficazes.

A **Rede** é uma comunidade no Slack que criamos para reunir todos os amigos, equipes de startups (após deixarem o estúdio) e ex-integrantes da eFounders. Mantemos canais específicos para marketing, conteúdo, recrutamento e tecnologia.

As duas palavras que melhor definem a eFounders são "Estúdio de Startup" e "SaaS". Por isso, criamos duas comunidades em torno desses conceitos:

O **SaaS Club** oferece:

- Um boletim semanal com produtos SaaS pouco conhecidos e os melhores artigos sobre SaaS da semana
- Um site onde em breve disponibilizaremos mais do que apenas um banco de dados de conteúdo – fiquem atentos!

O **Construir Juntos** proporciona:

- Um boletim bimestral sobre o universo dos estúdios de startups, as startups que eles desenvolvem ou nas quais investem, e as teorias em torno desse modelo
- Um site onde você encontra um banco de dados com mais de 150 estúdios de startups de todo o mundo, além de recursos (principalmente artigos destacados em nosso boletim)

Também mantemos uma rede especial para nossos testadores beta. Na verdade, é uma lista de contatos para os quais enviamos e-mails quando queremos que um de nossos MVPs seja testado. Quer participar? Basta nos enviar um e-mail para hello@efounders.co.

7.6. INDEPENDÊNCIA DE NOSSAS STARTUPS: A FASE DE CRESCIMENTO

A filosofia da eFounders é garantir que nossas startups se tornem 100% independentes operacionalmente após 18 meses. O Aircall é um excelente exemplo desse processo em ação. Nesse estágio, nossos projetos entram na fase de Crescimento. Se o estúdio cumpriu bem seu papel, nossos processos estruturados e nossa cultura já foram absorvidos pelas equipes dos projetos.

Na prática, a maioria das nossas startups mantém as Reuniões de Kick-Off e os Comitês de Produto mesmo depois de deixar o estúdio.

No entanto, consideramos fundamental que cada projeto desenvolva gradualmente sua própria identidade e cultura.

Nossa plataforma estimula a criatividade e a agilidade. Acreditamos que esta é a melhor maneira de concentrar o tempo naquilo que realmente importa, em vez de desperdiçá-lo com questões secundárias. Quando esses processos estão profundamente incorporados em nossa rotina de trabalho, conseguimos construir soluções melhores, mais rapidamente e em maior escala. A melhor prova disso são as empresas que floresceram a partir dos nossos experimentos.

A Mailjet e a Textmaster foram fundadas no mesmo ano que o estúdio e captaram, respectivamente, US$ 11 milhões e US$ 5 milhões em 2015. A Mention, criada em 2012, já conta com 500.000 usuários. A Front App captou US$ 10 milhões com investidores renomados (Social Capital e investidores-anjo como os CEOs da Slack e da Intercom) em junho passado. E a Aircall levantou US$ 2,75 milhões com a Balderton Capital em janeiro passado.

Este ano, em 2016, quatro projetos foram lançados publicamente: Hivy (hivyapp.com), Spendesk (spendesk.com), Forest (forestadmin.com) e Illustrio (illustrio.com). Além disso, quatro novos projetos estão na pipeline para 2017... fiquem atentos!

Esperamos que você possa aproveitar nosso Game Plan para criar sua própria plataforma e sua rede de startups.

– Thibaud Elziere e Pauline Tordeur

8. CRIANDO UMA VENTURE BUILDER 100% EM REGIME DE COPROPRIEDADE

O dinheiro está acabando. O momento de encerrar as atividades se aproxima. Ainda assim, você quer manter sua equipe unida. Avalia todas as alternativas possíveis – das mais corriqueiras às mais inusitadas – e decide transformar sua equipe em uma venture builder. Foi exatamente isso que o time da Lab.Coop fez, e agora é possível entender melhor como tudo aconteceu. A trajetória deles é um exemplo marcante de como lançar as bases de um estúdio de startups com estrutura e condições reais de crescimento.

Em 2013, quando entrei pela primeira vez no mundo das startups, havia algumas empresas que já se destacavam no ecossistema de Budapeste. Uma delas era a Brickflow, liderada pelo empreendedor Peter Langmár. Quando ouvi falar deles pela primeira vez, o produto era algo como um mural interativo do Twitter para eventos: ele exibia tuítes relacionados em quadrados animados, coloridos e agradáveis, oferecendo uma narrativa visual do que estava acontecendo. Na época, parecia uma daquelas ideias brilhantes surgidas na Hungria, prontas para conquistar o mundo. Peter e sua equipe haviam conseguido levantar investimento, participado de algumas das melhores aceleradoras da região e estavam em plena expansão. Para mim, naquele momento, aquilo era muito mais concreto e próximo do que qualquer história sobre unicórnios distantes.

Peter e seu cofundador, Tamás, também foram bem-sucedidos em criar uma cultura que atraía talentos – tanto da Hungria quanto de fora. Um exemplo é Daniel Nagy, que na época trabalhava para uma grande operadora de telecomunicações na Alemanha. Ele já não se via mais no marketing digital, que considerava vazio. Foi então que a equipe da Brickflow o convidou para se juntar a eles como novo Head de Marketing – e ali ele encontrou espaço para crescer e se destacar.

Em 2014, a equipe conseguiu levantar mais de 250 mil dólares, sobretudo de investidores húngaros e da Startup Wise Guys, uma aceleradora com sede em Tallinn. O maior desafio era manter o ritmo de crescimento da base de usuários e garantir que eles permanecessem ativos. Depois de muitas idas e vindas, ajustes e testes, a equipe redesenhou o Brickflow como um sistema de recomendação de conteúdo para o Tumblr. Isso trouxe uma tração importante e necessária. Infelizmente, veio tarde demais.

Eles perceberam que, mesmo com o crescimento, o dinheiro acabaria alguns meses antes de conseguirem garantir uma nova rodada de investimento. Quando os recursos se esgotaram, o conselho decidiu encerrar as operações. O código do Brickflow foi tornado público, assim como os aprendizados do projeto (http://brickflow.strikingly.com/), e a empresa foi oficialmente descontinuada. Mas havia um desejo forte de manter o grupo unido, ainda que em outra configuração. Foi então que Peter propôs a criação de uma nova venture builder – que começaria como uma product house e, assim que houvesse fôlego financeiro, passaria a lançar startups próprias. Seis dos sete membros da equipe aceitaram a proposta. Nascia ali a Lab.Coop.

8.1. NOVO IMPULSO

A ideia era construir um estúdio em que ideias internas pudessem ser cultivadas desde o início – com o próprio time bancando o desenvolvimento e a validação iniciais – e, depois, lançadas ao mercado com apoio externo. Algo inspirado em empresas como Twitter, Medium, Dollar Shave Club e tantas outras que nasceram em estúdios desse tipo.

Mas, como acontece com qualquer nova venture builder, a questão do dinheiro se impôs. Nenhum investidor está disposto a bancar uma equipe completa de venture builders que ainda não demonstrou resultados concretos. E eles também não tinham capital próprio para isso. O jeito foi começar com o que havia: prestar serviços como uma agência, garantir a sobrevivência, ganhar fôlego – e, sempre que sobrasse algum recurso, usá-lo para construir seus próprios produtos e negócios.

Seguindo essa rota, os primeiros três ou quatro meses foram de extrema dificuldade – mal conseguiam manter a cabeça fora d'água. Apesar disso, a equipe seguiu unida. E mais do que isso: novos desenvolvedores passaram a se juntar ao grupo. Muito disso se deve ao ambiente de confiança e transparência criado por Peter e Tamás e que a equipe fundadora da Lab.Coop conseguiu manter.

Com o tempo, à medida que o trabalho da agência começou a gerar caixa de forma mais estável, a equipe pôde começar a sonhar mais alto. Eles identificaram uma demanda crescente por profissionais de tecnologia – e, então, em parceria com outra equipe húngara de desenvolvimento de produtos, a Digital Natives, fundaram a Green Fox Academy. Essa nova iniciativa nasceu como uma escola de programação e também atua como agência de recrutamento para os alunos formados no curso.

A equipe principal passou de 7 para 21 pessoas – e para 35, se considerarmos todos os empreendimentos do grupo – em pouco mais de um ano. E o crescimento não dava sinais de desaceleração. O negócio da agência estava se fortalecendo, o que permitia que mais pessoas fossem alocadas em projetos internos de startups. A visão de longo prazo era construir um ecossistema sob um mesmo guarda-chuva. Parte dessa estratégia envolveu separar as operações da agência em uma nova empresa, batizada de **Chain.Reaction**.

A Green Fox Academy, por sua vez, triplicou de tamanho em 2016. E o mais novo projeto do grupo é a **SmartWare.tech**, que pretende ser a primeira aceleradora de hardware da Europa Central.

A escolha por desenvolver primeiro empreendimentos que não fossem startups tradicionais tem uma explicação clara: risco. Startups, na maioria das vezes, não dão certo. E é extremamente difícil construir uma venture builder sólida se tudo o que você tem são apostas arriscadas desde o início. Em contrapartida, com uma equipe excepcional, é possível criar uma estrutura geradora de caixa que garanta liberdade para experimentar – sem depender de capital externo.

8.2. PROPRIEDADE É TUDO

Mas afinal, qual é o segredo deles? Afinal, como em quase todas as partes do mundo, desenvolvedores estão entre os profissionais mais disputados. Em Budapeste e arredores, há centenas de centros de serviços, outras agências e algumas startups bem financiadas à caça dos mesmos talentos. Como uma venture builder pequena e ainda frágil conseguiria conquistar o interesse – e o comprometimento – de dezenas de pessoas altamente qualificadas?

A resposta está na propriedade. Desde o início, quando ainda não tinham dinheiro, a equipe decidiu que queria construir algo diferente: um grupo de pessoas empreendedoras, autogeridas e motivadas por conta própria, que realmente se sentissem donas do que estavam criando. Eles sabiam que não poderiam oferecer os melhores salários logo de cara. Então, a solução mais viável foi dividir a empresa. Isso também significava que todos enfrentariam os mesmos riscos – e, por consequência, aquela distância tradicional entre fundadores e funcionários simplesmente deixaria de existir.

Enquanto a maior parte da equipe atuava em projetos de agência para manter as contas em dia, Peter se dedicou a estudar formas de distribuir a propriedade da nova empresa. Ele queria encontrar um modelo que não se limitasse à divisão dos lucros, mas que também garantisse a todos a possibilidade de participar das decisões estratégicas. Embora o modelo tradicional de *stock options* tenha seus méritos, ele geralmente favorece os fundadores e só se torna vantajoso para os demais em caso de uma saída lucrativa – algo incerto.

Para atender a essas demandas, Peter propôs que a Lab.Coop fosse uma empresa de copropriedade, gerida por seus próprios membros. Um sistema no qual a distribuição de participação acionária seria continuamente ajustada com base no desempenho de cada pessoa. Isso garantiria os incentivos financeiros desejados e, ao mesmo tempo, daria voz e influência real aos colaboradores. Quanto mais tempo alguém permanece na empresa – e quanto mais se envolve em tarefas complexas –, maior a participação acionária. O modelo de remuneração foi inspirado em empresas como o Buffer, com regras claras sobre salários, ações ordinárias e preferenciais, entre outros elementos.

Essa estrutura permitiu à Lab.Coop crescer mantendo o engajamento de seus integrantes. Confesso que minha primeira reação ao ouvir esse modelo foi pensar: "isso tem tudo para virar uma bagunça!" Mas Peter explicou que, para além da divisão de propriedade, eles também haviam criado um "sistema operacional" para a empresa, baseado na holocracia – uma alternativa à hierarquia tradicional. Esse modelo horizontal aumenta a transparência, a responsabilidade e a agilidade, por meio de processos e regras claras para reuniões e decisões. O poder é distribuído entre os membros da equipe, o que permite que qualquer pessoa assuma a liderança de uma determinada área. Até mesmo a autoridade do CEO é equilibrada por uma constituição organizacional.

Os domínios de atuação são compartilhados entre os membros, e qualquer pessoa pode sugerir mudanças nos processos. As propostas só são implementadas se o responsável pela área em questão achar que a alteração trará melhorias – e se os demais não enxergarem prejuízos na mudança.

Os salários seguem fórmulas transparentes, eliminando a necessidade de negociações individuais e pouco claras. Mais recentemente, eles passaram a adotar um *Esquema de Compensação Baseado em Crachás* – uma forma de permitir que os critérios de remuneração evoluam com base nas tensões percebidas entre pares. Nesse sistema, os parceiros podem propor e conquistar "Crachás" que representam habilidades, talentos, competências ou conhecimentos úteis. A validação é feita por colegas que já detêm o crachá em questão, ou por uma função específica chamada "Bootstrapper de Crachás", caso não haja número suficiente de validadores.

É possível propor novos crachás para contemplar habilidades ainda não reconhecidas na biblioteca existente. Depois, os crachás são combinados e mapeados para faixas específicas de remuneração. Assim, cada pessoa é paga com base no conjunto de crachás mais valioso que possui. O sistema também permite propor reavaliações desses conjuntos – normalmente com base em percepções de injustiça, seja interna, seja em relação ao mercado. A mesma lógica é aplicada para ajustes na distribuição de ações entre os colaboradores. Quando uma alteração é aprovada, novas ações são emitidas e distribuídas de acordo com os critérios estabelecidos, sempre respeitando a legislação húngara.

Como a base de tudo foi construída sobre a confiança, a equipe da Lab.Coop não precisou de contratos longos e formais entre os fundadores e os coproprietários. Nos primeiros tempos, todos se esforçavam ao máximo, trabalhavam duro, fazendo o possível para manter o projeto vivo. O "sistema operacional" foi evoluindo aos poucos, em ciclos sucessivos, e um dos maiores desafios foi justamente descobrir como adaptar esse modelo de copropriedade à estrutura jurídica do país.

Enquanto lidava com isso e via o fluxo de caixa melhorar, Peter passou a estudar com mais afinco o modelo dos estúdios de startups: buscava referências, casos de sucesso e boas práticas em agências que prosperaram. Foi aí que a equipe chegou ao modelo híbrido que seguem hoje. A Lab.Coop é uma venture builder de tecnologia, em copropriedade com seus empreendedores. Atua desenvolvendo e prestando serviços para as empresas do seu portfólio: um laboratório de produtos digitais, uma escola, uma aceleradora e, mais recentemente, uma house de vendas.

8.3. PERSPECTIVAS PARA O FUTURO

Essa trajetória está alinhada com a visão em constante evolução da Lab.Coop. Eles começaram com alguns princípios fundamentais – como a copropriedade e a criação de startups em conjunto – e agora estão preenchendo essas ideias com experiências reais, transformando a visão em algo concreto, dinâmico e bem-sucedido.

Pode parecer que adotar um modelo baseado em copropriedade e holocracia possa limitar as possibilidades de recrutamento. Afinal, é preciso encontrar um tipo específico de profissional: alguém tecnicamente excelente, com capacidade de autogestão e disposto a se tornar coproprietário de uma organização que desafia os modelos tradicionais. Mas, na prática, essa configuração funciona como um filtro inicial eficiente, que atrai justamente o perfil de pessoa mais alinhado com essa proposta.

Ainda assim, a equipe da Lab.Coop percebeu que precisa investir mais tempo do que esperava na formação dos novos integrantes. Mesmo assim, o esforço extra compensa: os que permanecem se tornam parte ativa e engajada da construção coletiva.

Claro, ainda existem algumas perguntas em aberto quanto ao futuro da Lab.Coop, especialmente no que diz respeito ao funcionamento da venture builder. Como será feita a divisão da equipe e da participação acionária quando o braço de desenvolvimento de startups estiver operando plenamente? Como pretendem envolver capital de risco no momento certo, para impulsionar o crescimento das startups criadas internamente? E como pretendem lidar com os receios comuns dos investidores em relação ao modelo de estúdios de startups?

Essas questões ainda estão no horizonte, mas tudo indica que as respostas virão no tempo certo. Diante do crescimento surpreendente da Lab.Coop, é provável que não tenhamos de esperar muito. Até lá, o que já construíram serve como um exemplo inspirador e transparente de como é possível reverter o rumo de uma startup em crise e transformá-la em um coletivo empreendedor sólido e promissor.

9. CONSTRUINDO STARTUPS A PARTIR DE MEGATENDÊNCIAS

Este capítulo foi escrito por convidados: Henry Nilert, Niko Porkka e Juho Oranen, da Midealab. A Midealab é uma venture builder fundada no verão de 2015, quando três empreendedores em série, finlandeses e suecos, decidiram unir forças. Desde então, já lançaram três empreendimentos, ampliaram a equipe – que agora conta com mais de 25 pessoas em diversos países – e são um ótimo exemplo de como é possível fazer um estúdio crescer rapidamente. Um dos segredos para isso está na forma como identificam megatendências...

Na Midealab, somos um grupo de empreendedores em série, desenvolvedores, designers e profissionais de marketing apaixonados por transformar novas ideias de negócios em realidade. Nosso objetivo é criar startups de maneira ágil e eficiente, construindo um portfólio sólido de empreendimentos digitais.

Individualmente, temos longa experiência na criação de empresas. Estávamos explorando novas possibilidades em diferentes áreas que nos interessavam e nas quais queríamos continuar atuando. Mas percebemos que os métodos tradicionais para lançar novos negócios eram pouco eficientes. Com frequência, as equipes gastam um tempo valioso apenas para organizar o básico: montar um escritório, cuidar da parte contábil, decidir que máquina de café comprar. E isso tudo antes mesmo de chegar às etapas decisivas: validar o produto, levantar recursos e montar o time certo.

Concentrar todas essas capacidades em uma única startup exige um esforço enorme. Faz muito mais sentido reunir tudo isso em uma estrutura que possa dar suporte a várias startups ao mesmo tempo. Afinal, não é produtivo recomeçar do zero a cada vez.

Foi esse raciocínio que nos levou a apostar no modelo de estúdio de startups como uma forma eficiente e econômica de transformar ideias em negócios validados. O conceito é simples e eficaz: o estúdio oferece os elementos essenciais para construir empresas, liberando os times fundadores para se concentrarem no desenvolvimento do produto e em sua escalada. Com isso, o custo da validação de mercado cai, e boa parte das ineficiências comuns ao modelo tradicional é eliminada.

Com o aumento da concorrência na economia digital, lançar um novo produto exige excelência em todas as áreas: desenvolvimento tecnológico, design, marketing, entrada no mercado. Muitas dessas competências podem ser replicadas e centralizadas dentro do estúdio, evitando que cada nova startup precise dominá-las desde o início.

Esse modelo permite que as equipes foquem no que realmente importa nos estágios iniciais: criar um bom produto e colocá-lo no mercado. O estúdio oferece boa parte das competências necessárias para que isso aconteça desde o primeiro dia.

9.1. COMO COMEÇAR

Nos conhecemos na ativa cena de startups da Finlândia e da Estônia, onde já atuávamos há anos como fundadores, consultores e investidores. Niko e Juho estavam à frente da Lapioworks, que combinava consultoria e construção de negócios para startups e grandes empresas. Henry havia acabado de vender sua segunda startup e estava pronto para um novo ciclo. Todos nós queríamos dedicar nosso tempo a identificar e desenvolver novas oportunidades desde o início.

Depois de passarmos pelas dificuldades de montar empresas do zero, sabíamos que não queríamos reviver aquela fase de montar móveis da Ikea. Sentíamos que havia uma maneira melhor de aproveitar nossa experiência e nossas redes de contato, nos permitindo explorar as oportunidades que nos motivavam. O modelo de estúdio parecia o caminho natural.

Tudo começou a se consolidar no verão de 2015. Niko e Juho venderam a parte de consultoria da empresa, e Henry decidiu focar integralmente em novos empreendimentos.

A base do modelo de estúdio é a capacidade de gerar, desenvolver e testar novas ideias com rapidez. Para isso, precisávamos de uma boa estrutura de desenvolvimento, algo que se tornava cada vez mais difícil de conseguir, dado o boom de startups na região.

Já havíamos trabalhado com desenvolvedores ucranianos por meio de uma empresa terceirizada, o que foi útil, mas não ideal para um estúdio, já que dificultava a proximidade com a equipe. Queríamos nosso próprio time, e a Ucrânia nos chamou a atenção pela quantidade de talentos na área. Embora trabalhar lá traga alguns desafios, com perseverança, as pessoas certas e uma dose de sorte, conseguimos abrir nosso estúdio em Lviv, em maio de 2015.

Boas oportunidades atraem bons profissionais, e conseguimos formar uma equipe extremamente talentosa, oferecendo um ambiente aberto e dinâmico, onde cada pessoa pode assumir responsabilidades, explorar novas tecnologias e fazer parte de algo novo. Em mercados como o ucraniano, há muitas pessoas com grande potencial, mas que não têm acesso às redes ou ao conjunto de habilidades necessárias para iniciar um negócio sozinhas. No estúdio, elas encontram apoio e a possibilidade de se tornarem sócias nos empreendimentos.

Adotamos um modelo diferente de recrutamento, baseado em hackathons. Convidamos candidatos promissores para passar um fim de semana conosco, participando da ideação de novos projetos ou ajudando a desenvolver soluções para startups já em andamento. Assim, novos e antigos integrantes trabalham juntos, conhecem-se melhor e vivenciam o ambiente de startup. Até hoje, os hackathons são parte essencial do nosso processo de recrutamento e ideação.

Um ano depois, nossa equipe conta com mais de 25 pessoas envolvidas em três startups financiadas; temos escritórios em Lviv, Helsinque e Tallinn; uma rede crescente de investidores e parceiros; e várias novas ideias em andamento.

Estarmos presentes nessas três cidades nos permite aproveitar ecossistemas distintos, cada um com seus pontos fortes: a Ucrânia oferece uma base sólida de talentos técnicos; a Estônia tem um ambiente extremamente favorável ao empreendedorismo; e a Finlândia é uma excelente incubadora de ideias, com um ecossistema bem desenvolvido.

Além disso, ao longo dos anos, construímos redes pessoais e profissionais amplas na Europa e nos Estados Unidos, que usamos para encontrar parceiros e recursos fundamentais para o sucesso das nossas startups.

Essa estrutura permite que a Midealab forneça os elementos essenciais para construir novos empreendimentos e dá às equipes liberdade para focar no que realmente importa. Estamos sempre aprimorando nossa capacidade de desenvolver, lançar e financiar novas ideias, além de atrair talentos de alto nível.

9.2. FOCO NAS MEGATENDÊNCIAS

O 'Midea' no nome da nossa empresa refere-se a mega ideias - ideias com o potencial de perturbar um mercado emergente e crescer. A chave para encontrar a mega ideia certa é identificar tendências que terão altas taxas de crescimento orgânico nos próximos anos. O crescimento e a disrupção resultantes dessas megatendências abrem enormes possibilidades para as startups apresentarem novas soluções e construírem empresas líderes de categoria.

Ainda mais interessante é explorar as oportunidades que surgem quando duas ou mais megatendências colidem. Por exemplo, a ascensão das mídias sociais combinada com a crescente disponibilidade de dados móveis está criando grandes oportunidades em vídeo móvel, realidade virtual e campos relacionados. Mudanças na forma como trabalhamos, combinadas com melhores dispositivos, resultaram em oportunidades para construir melhores plataformas de colaboração e ferramentas de comunicação. A digitalização da educação, a popularidade das mídias sociais e dos jogos móveis estão levando ao surgimento de ferramentas educacionais que integram a gamificação e as mídias sociais.

É fácil acreditar que tudo na internet e no celular foi "feito", que as grandes empresas têm monopólios intransponíveis e que oportunidades verdadeiramente novas são poucas. Discordamos: a mudança está se acelerando, as megatendências surgem e se combinam para revelar novas oportunidades. A chave é ser capaz de identificá-los e persegui-los de forma rápida e eficiente.

Identificar mega-ideias não é suficiente. Uma questão importante é se é o momento certo para desenvolver, arrecadar fundos e lançar uma nova startup. O tempo sempre foi fundamental para o sucesso das startups e esse é um dos principais critérios que consideramos ao selecionar quais ideias buscar. Segmentamos o desenvolvimento das megatendências em três fases:

1. A fase inicial de inovação: as ideias nesta fase ainda não se tornaram mainstream. Pode já haver muito burburinho e ação em torno da tendência, mas ela ainda não está madura o suficiente para uma entrada maior no mercado, que normalmente está a vários anos de distância. Durante essa fase, as startups precisam buscar a tração certa no mercado e precisam de paciência e dinheiro para sobreviver até que o mercado amadureça. Seguimos as tendências nesta fase com muito cuidado, observando atentamente aqueles que estão prontos para entrar na fase de crescimento.

2. Estágio de crescimento: é aqui que queremos estar, o chamado 'tempo de festa' para startups. Nesta fase, massas de consumidores estão adotando novos comportamentos e tecnologias, o que significa que há grandes oportunidades para oferecer soluções que atendam à demanda. O vídeo móvel é um ótimo exemplo de como o comportamento do consumidor mudou à medida que o 4G se tornou popular, abrindo novas possibilidades de serviço - pense no Snapchat e no Shuut. Algumas tendências não são necessariamente globais, o que significa que, embora uma tendência já esteja desacelerando nos mercados maduros, ela pode estar apenas decolando nos mercados em desenvolvimento. Por exemplo, o mercado de aplicativos móveis está saturado nos mercados desenvolvidos, mas ainda há um enorme potencial nos mercados emergentes, onde os consumidores só agora estão mudando para o uso de smartphones e aplicativos.
3. Fase de saturação: Até as maiores festas chegam ao fim. Uma vez que o estágio de hiper crescimento tenha passado e o mercado esteja saturado, o lançamento de novos empreendimentos se torna mais um "jogo corporativo" que requer maiores recursos financeiros. Os jogos para celular estão chegando a esse estágio. O mesmo se aplica às redes sociais e plataformas de comunicação. As ideias nesta fase geralmente não estão maduras para startups.

Outro critério para todas as nossas startups é a implementabilidade: temos a capacidade em termos de pessoas, experiência e outros recursos para lançar o empreendimento? Existe uma chance realista de entrar no mercado e crescer?

Ao analisar a implementabilidade, identificamos certos tipos de empreendimentos que são especialmente atraentes para nós, em particular quando uma empresa não exige operações pesadas para agregar valor e escala. Aqui há grandes diferenças entre startups - pense na Rocket Internet com dezenas de milhares de pessoas e uma capitalização de mercado de US $ 3 bilhões vs. a Supercell com menos de 200 pessoas e uma capitalização de mercado de US $ 10 bilhões. O que explica isso? A Rocket Internet administra empresas operacionalmente pesadas no comércio eletrônico e na entrega de alimentos que exigem recursos humanos significativos para agregar valor. Por outro lado, empresas como Supercell, Whatsapp, Snapchat e Tinder desenvolvem produtos valiosos que escalam independentemente de seus recursos humanos.

9.3. COMO CONSTRUÍMOS EMPREENDIMENTOS

Na Midealab, o desenvolvimento de empreendimentos segue três etapas principais: uma fase de descoberta, na qual pesquisamos ideias e elaboramos conceitos; uma fase de construção, em que transformamos esses conceitos em MVPs para validação no mercado; e, por fim, uma fase de crescimento, quando os produtos validados são integrados a negócios com alto potencial de expansão.

Durante a fase de descoberta, investimos bastante em pesquisa de mercado e na nossa percepção geral sobre tendências e oportunidades emergentes. Quando identificamos uma oportunidade promissora, costumamos organizar um hackathon, convidando pessoas para desenvolver a ideia com mais profundidade ao longo de alguns dias. Nessa etapa, também buscamos fazer validações iniciais com o mercado e levantar questões práticas: o que seria necessário para colocar essa ideia de pé? Temos – ou conseguimos encontrar – as pessoas certas? Há interesse por parte dos investidores?

Na fase de construção, começamos a desenvolver um produto mínimo viável – e encantador – para validar ainda mais a proposta e refinar o alinhamento com o mercado. Investimos bastante em desenvolvimento de negócios e marketing, para entender como e por onde entrar de forma mais eficiente. É nesse momento que a startup começa a tomar forma: reunimos uma equipe sólida e comprometida, identificamos as competências-chave para permitir um crescimento acelerado e garantimos financiamento suficiente com apoio da nossa rede de investidores-anjo, de modo a proporcionar uma "pista" segura para o projeto.

Depois de lançada e financiada, a startup entra na fase de crescimento. No início, a Midealab continua fortemente envolvida, oferecendo suporte em áreas como estratégia, recrutamento, captação de recursos e mais. Aos poucos, a startup ganha autonomia e passa a operar de forma mais independente.

Um bom exemplo de como esse processo acontece na prática é o nosso trabalho com vídeo móvel. Um sinal que nos chamou a atenção foi o fato de que os planos de celular mais básicos para nossos filhos – e os filhos dos nossos amigos – já vinham com 4G, em vez de 3G, o que levou a um salto no consumo de vídeo via celular. Naturalmente, também estávamos acompanhando a migração geral dos serviços web – como o Facebook – para dispositivos móveis, e o crescimento de plataformas de vídeo como Snapchat e Instagram.

No outono passado, promovemos um hackathon para explorar oportunidades nesse campo, reunindo desenvolvedores, designers e empreendedores para passar um fim de semana imersos em ideias sobre vídeo móvel. Durante o evento, decidimos focar em publicidade nesse formato, uma tendência crescente, e buscamos maneiras de torná-la acessível a qualquer pessoa. Foi assim que nasceu o Shuut, um aplicativo que simplifica em até dez vezes o processo de criação e publicação de anúncios em vídeo para dispositivos móveis.

Formamos uma equipe – incluindo algumas pessoas que participaram do hackathon – e demos início ao desenvolvimento da primeira versão do app. Depois de mais validações e conversas com possíveis parceiros e investidores, conseguimos levantar o investimento inicial para o projeto. Hoje, o Shuut é uma das formas mais práticas de anunciar com vídeo no Facebook e está se preparando para uma expansão global.

Outro exemplo no nosso portfólio é o Klip, um aplicativo de namoro baseado em vídeo. A motivação surgiu da frustração de colegas nossos com os apps de relacionamento disponíveis no mercado. Fotos retocadas e conversas apenas por texto criavam expectativas irreais e causavam decepções – sem falar na perda de tempo precioso de programação! Nossa solução foi propor uma nova forma de incorporar o vídeo à experiência de conhecer alguém. Participamos de um hackathon Garage48, em Odessa, e acabamos vencendo a competição. A partir daí, tudo avançou rapidamente: formalizamos a equipe, conseguimos apoio de investidores-anjo e desenvolvemos o produto para lançamento em poucos meses.

Nos dois casos, a estrutura do estúdio de startups foi essencial para levar os empreendimentos da ideia ao lançamento. Isso permitiu que as equipes se concentrassem exclusivamente no desenvolvimento dos produtos, reduzindo custos e acelerando o tempo de entrada no mercado.

Nosso objetivo na Midealab é fazer com que os empreendimentos avancem da fase de construção em um período relativamente curto, com um bom encaixe entre produto e mercado, financiamento garantido e uma equipe competente e dedicada ao crescimento. Um exemplo disso é a Future Dialog, empresa do nosso portfólio, cuja ideia e conceito inicial foram desenvolvidos no final de 2015. Os primeiros clientes chegaram já em fevereiro de 2016. Hoje, a Future Dialog conta com uma equipe própria, tem alcançado lucratividade mensal e está bem posicionada para crescer como uma empresa independente.

9.4. OLHANDO PARA A FRENTE

Não existe fórmula mágica para construir novos empreendimentos, mas aprendemos que é possível aumentar bastante as chances de sucesso ao garantir que os elementos essenciais estejam presentes desde o início: pessoas talentosas, boas ideias e capital suficiente. O modelo de estúdio de startups contribui para esse cenário ao oferecer esses recursos às equipes fundadoras, permitindo que elas se concentrem no que realmente importa: desenvolver o produto e levá-lo ao mercado.

Com uma empresa já em fase de crescimento, dois empreendimentos financiados e várias ideias em desenvolvimento, a Midealab vem testando e aprimorando seu modelo com base na prática. Nossa atuação na Ucrânia, Finlândia e Estônia, somada às nossas redes locais, tem nos ajudado a reunir um grupo diversificado de colaboradores que compartilham o desejo de transformar boas ideias em negócios relevantes.

Como dizia Zig Ziglar: "Você não constrói um negócio; você constrói pessoas, e elas constroem o negócio." Levamos isso a sério. Se você tem talento e paixão por criar grandes empresas – ou uma ideia na qual gostaria de trabalhar conosco –, entre em contato. E, se você é investidor e procura oportunidades em estágios iniciais, teremos prazer em mostrar como nossa plataforma pode ajudar a identificá-las e desenvolvê-las com eficiência.

O mundo está mudando rápido. Novas megatendências continuarão surgindo e se entrelaçando, revelando caminhos que ainda nem imaginamos. Na Midealab, estamos prontos para descobrir e realizar as próximas grandes ideias.

Para falar com a gente, acesse: https://midealab.co/.

– Henry Nilert, Niko Porkka, Juho Oranen

10. CULTURA É VERBO

Em 2015, quando iniciei minha pesquisa sobre estúdios de startups, uma das primeiras conversas que tive foi com Jons Janssens, empreendedor em série de Amsterdã. Na época, ele havia acabado de lançar a Backspace, um estúdio de risco que se definia como uma "editora de tecnologia" – algo como o que a Blizzard representa para os games. Para chegar a esse patamar, é preciso contar com uma equipe unida por uma cultura forte. Pode-se chamar isso de propósito, missão, estrela-guia, BHAG, visão, vocação ou legado – tudo isso são formas diferentes de expressar o mesmo sentimento: a sensação de estar vivendo seus dias com sentido. Em uma organização que precisa, constantemente, criar ideias e transformá-las em negócios, cultivar esse senso de direção é um desafio constante. No próximo capítulo, escrito por Jons Janssens e Barbara Putman Cramer, a Backspace compartilha alguns caminhos que encontrou para criar uma cultura capaz de sustentar essa missão.

Você se importa com o que faz? Consegue enxergar o motivo de estar desenvolvendo aquele produto específico? Como passamos cerca de um terço da vida trabalhando, o trabalho inevitavelmente vai além de pagar contas ou fazer parte de um grupo. Não é surpresa, portanto, o aumento do número de livros e artigos dedicados a explorar o sentido do trabalho, o bem-estar dos colaboradores e o propósito das empresas.

Na Backspace, enxergamos o trabalho como algo que vai muito além da simples troca de tempo por dinheiro. E estamos sempre nos fazendo perguntas como essas – no escritório e fora dele.

Somos um estúdio de risco, um espaço onde fundadores transformam ideias em empresas com potencial, contando com uma equipe dedicada de onze especialistas que atuam como um terceiro cofundador. Atualmente, trabalhamos em três empresas: a Florin (pagamentos condicionais), a BYBORRE (tecidos inteligentes) e a Soverin (e-mail com privacidade). E, sim, incluímos a própria Backspace nessa lista, porque acreditamos que também somos uma dessas ideias que se tornaram uma empresa com propósito.

Este capítulo mostra os princípios que nos levaram a: 1) colocar a cultura no centro de tudo; 2) formar uma cultura sólida com uma equipe nova em apenas seis meses; e 3) incorporar rituais que nos ajudam a manter a cultura viva, tanto em nós quanto nos empreendimentos que apoiamos. E claro, os tropeços que tivemos no processo são tão importantes quanto as vitórias – e igualmente valorizados.

Hoje, a Backspace opera em um modelo híbrido, criando startups tanto a partir de ideias internas quanto de fundadores externos. Nos primeiros tempos, achamos essencial atuar mais como iniciantes do que como juízes avaliando ideias alheias. Cerca de um ano depois do lançamento do estúdio, começamos um processo interno para entender o que todos os membros da Backspace consideravam essencial em nosso foco. Até aqui, consideramos uma ideia "alinhada" quando ela lida com uma tecnologia emergente e traz algum impacto positivo. Mas, acima de tudo, o que realmente determina o encaixe é a sintonia entre os(as) fundadores(as) e a equipe da Backspace.

10.1. AS PESSOAS SÃO A EMPRESA

Nos estágios iniciais de uma startup, as pessoas são, de fato, a empresa. E esse grupo reduzido invariavelmente vai se deparar com situações difíceis, às vezes até desanimadoras. Ter uma cultura saudável é o que permite reconhecer tensões, enfrentá-las e seguir em frente. Em outras palavras: é preciso ter boas vibrações. E essas vibrações só aparecem quando a cultura é tratada como algo vivo, em constante prática.

Nossa cultura se manifesta especialmente quando redistribuímos nossos recursos entre os diferentes empreendimentos. Nem sempre é simples – às vezes, as necessidades se sobrepõem. Mas o fato de todos estarmos em diálogo constante faz com que cada projeto aprenda a identificar o que realmente importa. Quando nos esticamos demais, todos perdem: o estúdio e as startups. Para as situações em que não conseguimos suprir internamente todas as demandas, estamos formando uma rede de criativos experientes que possam apoiar nossos times.

Nosso entendimento sobre o modelo de estúdio de startups se baseia em três aprendizados centrais, colhidos ao longo de mais de dez anos empreendendo e mentorando startups. Os fundadores da Backspace são empreendedores em série na internet, e venderam seu terceiro e mais recente negócio para uma empresa de capital aberto.

1. **Foco** – No início, os(as) fundadores(as) precisam se concentrar em criar um bom produto e entender o mercado. Os recursos compartilhados do estúdio – como financiamento, recrutamento e apoio operacional – permitem que eles foquem seu talento e energia no que realmente importa. O restante fica por nossa conta.
2. **Equilíbrio** – O avanço de uma startup depende de um equilíbrio bem calibrado entre tecnologia, design e tração. Nosso estúdio oferece as habilidades que estiverem faltando. Todas as funções essenciais precisam estar cobertas desde o início. Sem improviso. Essa abordagem reduz o risco de que o projeto não vá adiante. Utilizamos esse modelo de competências básicas para identificar o que os(as) fundadores(as) já trazem consigo e o que nossa equipe pode complementar.

3. Estrutura – Para nós, a inovação nasce de um processo estruturado. Para trazer um pouco de ordem ao caos dos primeiros estágios, mapeamos mais de cem etapas que, juntas, compõem o processo de transformar uma ideia em empresa.

Esse fluxo serve como um guia para que cada time cometa erros novos – e não os mesmos de sempre. E o mais importante: estamos sempre ajustando esse roteiro, a cada novo empreendimento que lançamos.

10.2. O MODELO BACKSPACE

A equipe da Backspace foi oficialmente formada na primavera de 2016. Rostos novos, um modelo de negócio novo – o de *venture studio* – e nenhuma rotina estabelecida de trabalho: havia tanta coisa em jogo que seria fácil deixar a cultura em segundo plano. Mas nós decidimos colocá-la em primeiro plano. "Cultura", com C maiúsculo. Reservamos pelo menos um dia por mês para tornar nossos valores explícitos, conhecer os projetos pessoais de cada um, compartilhar habilidades e imaginar juntos o futuro da Backspace. Cultura, para nós, é algo que se pratica – não apenas um slogan no site.

Mas construir uma cultura também pode ser um processo nebuloso. Há aspectos visíveis, como o comportamento no dia a dia, o layout do nosso site ou o design do escritório. A maior parte, no entanto, é invisível – são as sensações que surgem quando você conversa com alguém da equipe ou entra no nosso espaço. Nosso objetivo era tornar o máximo possível dessa cultura algo visível e compartilhável.

Para isso, trabalhamos em parceria com dois especialistas em Psicologia Positiva e promovemos várias sessões em grupo, combinadas com tarefas individuais e coletivas. O foco não era seguir regras nem preencher questionários, mas abrir espaço para que cada pessoa da equipe pudesse expressar o que realmente importava para si.

Um dos primeiros desafios foi justamente começar a falar sobre cultura em um momento em que ainda estávamos nos conhecendo. Sabíamos que a cultura influenciaria a maneira como trabalhamos, porque "quando há prazer no que se faz, a qualidade do resultado aparece". E mais: também acreditávamos que ela afetaria nosso bem-estar – tornando os bons momentos ainda melhores e ajudando a atravessar os difíceis com mais equilíbrio. Mas, naquela fase inicial, tudo isso ainda era uma aposta. A única certeza que tínhamos era a de que valia a pena tentar, com abertura, confiança no processo e um investimento que nunca é fácil: tempo.

Escrevendo agora, olhando para trás, percebemos que construir cultura não é tão diferente de outros processos de aprendizagem ao longo da vida: algumas coisas fazem sentido na hora, outras só se encaixam mais tarde. E, naquela fase, o que fazia sentido era simplesmente ter paciência. A Backspace e os empreendimentos que ela apoia formam um ecossistema. E ecossistemas só florescem quando se presta atenção a eles. Afinal, Roma não foi construída em um dia.

10.3. CULTURA DE ENGENHARIA

Abaixo estão as ferramentas que utilizamos para cultivar a nossa cultura – talvez sirvam de base para você adaptar ou aplicar esse programa à sua própria empresa ou equipe. Se não tiver dois especialistas à disposição (como foi o nosso caso), é importante que alguém se responsabilize por acompanhar o processo.

Defina seus valores centrais e aspiracionais: valores são princípios ou padrões de comportamento que revelam o que importa na vida de alguém. Um valor forte dentro de uma empresa precisa ser duradouro, aplicável a todas as áreas e pessoas da equipe, além de servir como guia em decisões futuras. Cada membro da nossa equipe compartilhou individualmente os valores que considerava mais importantes. Depois de agrupá-los, criamos uma lista de valores universais. Alguns pareciam já fazer parte de quem somos, enquanto outros podiam ser classificados como aspiracionais. Reformulamos os dois conjuntos – os que estavam internalizados (ou "centrais") e os aspiracionais – em frases que fizessem sentido para todo mundo.

Visualize sua missão e propósito: sua missão diz o que você quer alcançar, para quem e de que forma – de preferência, em até oito palavras. Ela deve conter um verbo, um público-alvo e um resultado mensurável. É quase como um mantra. Usamos técnicas de meditação e visualização para guiar a equipe por uma viagem pessoal ao futuro. Cada um compartilhou a própria visão, e, juntos, construímos um panorama comum. A escolha das palavras finais da missão veio só depois. Para isso, encontramos uma maneira prática de fazer cortes – o que nos levou a criar um site mobile-first. Uma tela pequena exige uma mensagem clara. E esse exercício valeu muito a pena.

O propósito, por sua vez, é a razão de existir da empresa – a mudança que se quer provocar no mundo. Trabalhamos para descobrir onde os pontos fortes individuais, os momentos de imersão e o senso de realização de cada um se cruzavam. Esse ponto de interseção revela um propósito pessoal – e foi a partir dele que conseguimos definir o propósito coletivo da empresa.

Crie rituais e avalie experimentos que sustentem os valores centrais e aspiracionais: maus hábitos só perdem força quando damos lugar a bons hábitos. É claro que isso não acontece tão facilmente – se fosse, o mundo seria outro. Como uma equipe nova, tivemos a vantagem de não carregar heranças culturais – sistemas de crença arraigados ou comportamentos enraizados. Mas construir sobre terreno instável exige muita experimentação. Dividimo-nos em pequenos grupos para criar e testar rituais que pudessem reforçar um dos nossos valores aspiracionais. Um exemplo: almoçar juntos todos os dias, pontualmente ao meio-dia, como lembrete do equilíbrio entre vida pessoal e profissional. Naturalmente, alguns rituais surgem por conta própria – uns positivos (como as sessões regulares de feedback), outros nem tanto (como a falta de celebração após conquistas). A cultura só pode se transformar quando se presta atenção aos hábitos. E é exatamente nesse ponto que a engenharia contínua entra em cena.

Compartilhe histórias pessoais e metas de aprendizado: nossa equipe é composta por onze pessoas, com onze áreas diferentes de atuação. Cada uma exerce uma função bastante distinta – de análise de dados a storytelling, de programação a negociação de contratos. Nem sempre é fácil entender com profundidade o que cada pessoa faz. Mas, ao compartilhar histórias pessoais, é possível conhecer quem está por trás do colega. Por isso, cada integrante contou uma história pessoal. Com apenas uma regra: ouvir com atenção total. Isso, por si só, já fortalece a equipe.

Saia do escritório – e da rede – com a equipe: embora a gente se esforce para manter o escritório agradável durante a semana, sair de propósito desse ambiente pode ser surpreendentemente poderoso. Reservamos 24 horas para passar um tempo juntos na natureza, sem celulares. Estar com colegas fora do contexto habitual gera memórias compartilhadas. Memórias viram histórias. E histórias são contadas e recontadas – e acabam traduzindo, com mais clareza do que qualquer manual, do que se trata a nossa cultura.

Descubra o que é necessário para manter a cultura viva: ao final do nosso programa de seis meses, uma das integrantes assumiu a responsabilidade de acompanhar de perto a cultura da equipe. Ela percebe quais rituais poderiam fazer bem para o grupo – seja uma meditação semanal, um boletim interno ou sessões de feedback estruturadas. O primeiro passo é justamente esse: reconhecer que vale a pena investir tempo nisso.

Como a cultura de engenharia nunca tem ponto final, decidimos criar um aplicativo que nos ajude – e que, quem sabe, possa ajudar você também, em algum momento no futuro – a continuar esse processo. Por enquanto, é uma experiência interna, mas só o nascimento desse projeto já mostra que o nosso experimento de seis meses valeu a pena.

10.4. DIFUSÃO DA CULTURA

E então? Temos um mecanismo de cultura em funcionamento na Backspace, mas também fazemos parte de várias outras empresas. As culturas dessas empresas são tão nossas quanto nós somos delas. E embora tenhamos usado o termo "engenharia" ao longo do texto, não estamos tentando implantar a cultura da Backspace em outros lugares. Isso não seria possível – estamos lidando com pessoas. O que podemos fazer é compartilhar com elas as ferramentas que usamos para trabalhar a cultura. Assim como estamos fazendo agora com você.

Nossa promessa, como estúdio, é transformar ideias em empresas independentes, com uma equipe equilibrada, um produto funcional e uma primeira tração mensurável. Para que a cultura se desenvolva ao longo desse processo, tudo o que fazemos é reforçar que isso exige uma abordagem estruturada e atenção contínua por parte dos empreendimentos. Na prática, isso significa integrar partes do nosso programa de seis meses ao fluxo de trabalho dessas empresas – como a definição de valores centrais, de uma missão e de um propósito; a celebração de conquistas e a realização de sessões regulares de feedback. Felizmente, o aprendizado vai nos dois sentidos. A Florin, por exemplo, já tinha produtos físicos – coisa que nós não temos. A BYBORRE realizou dias de estratégia antes da gente. E o canal do Slack da Soverin existia antes mesmo do Backspace.

Rituais (atuais):

- Almoçamos juntos todos os dias.
- Encontros mensais organizados por alguém da equipe (de partidas de basquete a passeios de longboard).
- Sessões trimestrais de governança para reavaliar funções (inspiradas na Holacracia).
- Fechamento semanal compartilhando um momento de orgulho.
- Atos aleatórios de gentileza.

Rituais (em fase experimental):

- Um bot que solicita atualizações semanais sobre bem-estar.
- Um Cartão de Experimentos para incentivar experiências individuais com tecnologia.
- Sessões matinais semanais de meditação.
- Perguntas padronizadas para entrevistas de contratação.

Ainda que seja impossível descrever com exatidão o que é uma cultura sólida, todos nós percebemos a importância dela quando ela faz falta. Esperamos ter apresentado razões suficientes para que você não deixe esse aspecto de lado. Crie um produto que faça sentido, com uma equipe que compartilhe sua missão. Invista em cultura.

Se quiser saber mais sobre o Backspace, como trabalhamos ou acessar nossa base de recursos, escreva para Jons: hello@backspace.studio.

– Jons Janssens e Barbara Putman Cramer

11. À FRENTE DO TEMPO

Existem muitos empreendedores bem-sucedidos que construíram uma empresa, venderam-na e fizeram fortuna com isso. Mas o que vem depois? A maioria tenta a sorte como investidor-anjo, colocando dinheiro em equipes emergentes que demonstram potencial. Mas, para alguns – aqueles que são construtores por natureza – isso não basta. Eles querem participar mais ativamente da criação de novos negócios. Estão dispostos a explorar territórios desconhecidos em busca de um caminho próprio. É sobre essa jornada que trata o próximo capítulo, em que Ryan J. Negri, empreendedor serial, compartilha sua experiência. Ele queria criar um lugar onde boas empresas pudessem nascer – mas com mais direção, orientação e envolvimento prático desde o início, com uma postura de liderança. E, em vez de se mudar para o Vale do Silício ou outro centro de startups conhecido, escolheu Tampa, na Flórida, para viver essa nova fase empreendedora...

Desde criança, sempre gostei de estar no controle do meu próprio destino – meu primeiro negócio foi vender bolas de golfe para jogadores locais, quando eu tinha apenas quatro anos. Décadas depois, criei a Negri Electronics, uma empresa especializada em dispositivos móveis, que importava aparelhos desbloqueados de ponta e os vendia para os primeiros entusiastas da tecnologia. Em 2013, uma empresa de private equity de Nova York adquiriu a Negri por cerca de 10 milhões de dólares. Foi difícil abrir mão, mas eu sabia que a empresa teria mais chances de crescer com acesso a capital. Além disso, eu tinha experiência em liderar uma equipe de 15 a 20 pessoas, mas não me sentia preparado para comandar uma organização com mais de 100 – que era justamente a meta deles. Os compradores tinham o know-how e os recursos. Por mais difícil que seja admitir, provavelmente era melhor que eles assumissem daquele ponto em diante. Dei tudo de mim desde o primeiro dia, ainda era apaixonado pela empresa e pelo setor, mas era hora de sair e deixar que alguém com mais experiência a levasse adiante. Meu coração sempre estará com a Negri Electronics e com a equipe – ainda é meu bebê, só que agora posso vê-lo crescer sob outra liderança.

11.1. NASCIMENTO DA LAICOS

Antes mesmo de vender a Negri Electronics, eu já pensava em investir em novos projetos e criar meus próprios produtos. Foi assim que, junto com um cofundador, lancei a Laicos. A ideia era transformar conceitos em produtos e aplicativos para outras pessoas usarem. Meu sócio era Kyle Matthews, dono do ModMyI.com na época. O plano inicial era direto: contratar bons desenvolvedores e designers e transformar boas ideias em produtos – que, com o tempo, poderiam se tornar empresas próprias. Depois de algumas sessões de brainstorming, nasceu a Laicos, um Startup Studio, em 2012. Na época, ela funcionava como uma empresa/veículo de propósito específico (SPV), sob o qual organizávamos todos os nossos projetos, na esperança de que algum deles decolasse. Também queríamos ter uma estrutura formal para vender serviços diretamente a consumidores ou negociar produtos e propriedade intelectual com outras empresas.

A Laicos foi fundada originalmente na Califórnia, mas decidimos mudar para Las Vegas por diversos motivos. Em 2015, abrimos um segundo escritório em Tampa, cidade onde Kyle já morava há doze anos. No início, tudo ainda era só uma ideia – um conceito de transformar ideias em produtos e depois em empresas. Mas, com o tempo, passamos a ter uma estrutura, uma visão clara – e só faltavam a equipe e o capital.

Quando chegamos a Tampa, ficamos empolgados. O ecossistema de startups era animador, embora ainda bastante jovem. Mesmo com uma comunidade florescente, é difícil prosperar sem acesso real a financiamento. Muitos investidores locais, apesar de bem-intencionados, ainda seguem práticas ultrapassadas ou aproveitam a imaturidade da região para tentar forçar avaliações mais baixas. Alguns só investiam em empresas com mais de 1 milhão de dólares em receita. Outros achavam que estávamos tentando competir com fundos de capital de risco. Teve até um que sugeriu que nós mesmos reformássemos o escritório para economizar. Diante disso, optamos por buscar outras fontes de receita, evitando depender de capital de risco.

A contratação foi um desafio, mas contar com Kyle em Tampa fez toda a diferença. Ele tem faro para talento – afinal, é desenvolvedor há cerca de 15 anos. Conseguimos atrair profissionais excelentes, oferecendo salários mais altos do que as outras startups da região. Muitas startups pagam abaixo do mercado ou divulgam vagas com salários irreais – reflexo das limitações de capital e das dificuldades de estar inserido em um ecossistema ainda secundário.

11.2. PIONEIRISMO EM TAMPA

Para acertar a remuneração, além do salário, montamos um plano de opção de compra de ações para todo o estúdio. Primeiro, precisávamos montar um Plano de Opções de Ações e Incentivos de Equity, o que fizemos. É um processo bastante complexo, mas como contratamos o advogado certo, foi simples o suficiente para entender e ser configurado rapidamente. Para isso, precisávamos definir um preço inicial (de exercício) nas ações que estávamos emitindo, o que envolvia fazer uma avaliação para a empresa. Em seguida, os contratos de opção de compra de ações precisavam ser criados. Este é o contrato emitido para o pessoal que explica quantas opções estão sendo emitidas para eles, o que lhes custará, que tipo de opções, o cronograma de aquisição, concessão, exercício, intransferibilidade, período de bloqueio, representações, obrigações fiscais e muito mais. Antes de podermos preencher isso, tivemos que pensar seriamente no que oferecer a cada membro da equipe. É importante que eles entendam o que você acha que eles valem, além do salário deles. Analisamos uma infinidade de fatores, incluindo; tempo com a empresa, habilidades e conhecimentos, valor/valor futuro, salário atual e o quanto gostamos deles em geral (tipo de brincadeira). Uma vez que decidimos o que oferecer, o preenchimento dos documentos foi fácil – novamente, porque tivemos uma tremenda orientação de nosso advogado.

Agora, a entrega. Ninguém na empresa sabia que eles estavam recebendo opções na sexta-feira, então, para comemorar a ocasião, também pedimos uma pizza de 24"para que todos pudessem ter um "pedaço da torta". Depois de saber quais eram as opções de ações, a equipe parecia um pouco mais animada. Acho que alguém até bateu palmas.

No geral, sinto que todos saíram da sala felizes e motivados (e cheios), e acho que daqui para frente todos se sentirão mais parte do que estamos construindo do que nunca. E essa era a missão. Não me entenda mal, temos um grupo apaixonado aqui, mas agora eles podem ver algum valor criado por seus esforços. Essa é uma mentalidade diferente de um funcionário apenas com salário – e isso é uma coisa boa.

11.3. VAMOS CONSTRUIR

Com os talentos certos a bordo, a Laicos começou a criar produtos e empresas. O primeiro sucesso foi o Fuse, um aplicativo de agregação de redes sociais. A ideia por trás dele era simples: todo mundo é uma "pessoa social", então deveria haver apenas um único aplicativo para isso. O Fuse funcionava como um agregador social que reunia todas as redes populares em um só feed. Enquanto plataformas como a Hootsuite permitem visualizar vários feeds em janelas separadas, o Fuse oferecia um único fluxo com todas as interações sociais reunidas. Ele integrava Instagram, Twitter, Facebook e LinkedIn, permitindo postar, ler e compartilhar tudo em um só lugar, sem precisar abrir e fechar diferentes aplicativos.

11.4. VELHOS HÁBITOS CUSTAM A DESAPARECER

Chegamos a ter cinco aplicativos com enorme potencial, mas precisávamos captar recursos para escalar, e os investidores não estavam interessados nesse modelo "novo e estranho" de criar empresas. Alguns até enxergavam o que fazíamos como uma ameaça ao seu trabalho – afinal, se éramos capazes de criar e validar ótimas empresas, por que precisariam de um sócio-geral ou de um fundo tradicional? Esse raciocínio é equivocado. O valor que entregamos era maior que o de um investimento convencional. Participar da Laicos significava participar de todas as empresas que criávamos – todas devidamente validadas!

Isso não nos impediu de seguir em frente. Fomos atrás de investidores locais e nacionais ao mesmo tempo. Recebemos propostas para nos mudarmos para São Francisco e Austin, mas não queríamos desmontar nossa equipe. Os investidores locais, por mais simples que fosse o conceito, não conseguiam compreendê-lo. Era difícil para eles visualizar o modelo e entender os benefícios de se envolver com um Startup Studio. Imagino que mais tarde eles percebam a oportunidade que deixaram passar – mas aí já será tarde demais.

Entre os empreendedores da região, a Laicos era a sensação do momento. A quantidade de pedidos de emprego que recebíamos era absurda. A comunidade de startups estava completamente ao nosso lado e empolgada com nossa presença em Tampa – o mesmo entusiasmo, no entanto, não se refletia entre os investidores.

Infelizmente, esse tipo de mentalidade se mostrou um obstáculo sério. Passamos a considerar outras formas de financiamento, como desenvolver produtos e startups para empresas já consolidadas. Embora estivéssemos com as contas no azul, ninguém na Laicos se empolgava com a ideia de criar tecnologia sob encomenda. As pessoas estavam ali para construir para a Laicos. Ficou claro que, se quiséssemos manter o formato de Startup Studio, Tampa não era o lugar ideal – ou mudávamos de cidade, ou mudávamos nosso modelo, talvez para algo de que Tampa realmente precisasse, como uma consultoria para startups.

11.5. FÊNIX RENASCIDA

Com a Laicos queimando caixa, Kyle e eu decidimos que o melhor seria reduzir as operações da empresa e passar a focar no trabalho com clientes e na consultoria, deixando de lado o desenvolvimento da nossa própria propriedade intelectual. Isso implicou demitir a maior parte da equipe fixa e, em alguns casos, sugerir que procurassem outras oportunidades. Foi uma decisão difícil, mas necessária. Sempre que você precisa demitir alguém por falta de recursos, é porque falhou em algum ponto. Como CEO, é minha responsabilidade manter as finanças em ordem – mesmo que isso signifique usar meu próprio dinheiro, como fiz nos cinco meses anteriores.

A Laicos estava "indo bem", mas não foi criada para atender a contratos de terceiros – éramos um Startup Studio focado em desenvolver nossos próprios produtos. Chegamos a atrair alguns clientes locais, mas não tínhamos uma equipe de vendas estruturada. Além disso, não éramos reconhecidos pelo trabalho de desenvolvimento sob demanda e não conseguíamos competir com empresas já estabelecidas no setor.

Logo depois dessa reestruturação, entrei em contato com alguns amigos para saber o que estava acontecendo em Las Vegas – cidade para onde eu havia me mudado antes de vender a Negri

Electronics, em 2013. Um deles me indicou uma oportunidade promissora em um novo Centro de Inovação e Aceleradora na cidade. Acabei sendo contratado para liderar a aceleradora corporativa, o que levou minha família e eu de volta a Vegas – e adoramos viver aqui. A aceleradora foi um sucesso e reacendeu minha vontade de me tornar um investidor de risco. Trabalhar de perto com tantas empresas diferentes e criativas me deu ainda mais vontade de gerar impacto – com a vantagem de poder assinar cheques maiores e continuar atuando de forma prática, como sempre gostei.

Em 2017, mesmo mantendo a Laicos e atendendo uma pequena base de clientes, comecei minha trajetória como VC. Passei a me reunir com startups em todo o sudoeste americano. Foi uma experiência riquíssima, que me fez querer transformar a forma como os investidores se relacionam com as startups – como compram, como se envolvem e como contribuem. Desde então, venho buscando as startups mais promissoras da América do Norte e compartilhando as melhores oportunidades com minha rede de investidores. Isso me abriu muitas portas e gerou diversas ideias – entre elas, o modelo de *Scouting as a Service* (Escotismo como Serviço).

Enquanto sigo em busca da empresa ideal para me associar – ou talvez fundar meu próprio fundo – continuo tocando a Laicos e esse novo serviço de scouting para investidores.

O Startup Studio ainda é minha grande paixão, porque junta tudo o que eu gosto de fazer: ajudar novas empresas a nascer e criar produtos e serviços para outras pessoas. Vou manter a Laicos funcionando pelo maior tempo possível, porque acredito que esse é o melhor caminho para desenvolver tecnologia e fundar empresas. E sei que, por meio dos investidores que conheço ao longo do caminho – ou quando me integrar a uma nova equipe – o capital necessário para relançar o Studio e retomar a visão original virá.

– *Ryan J. Negri*

12. TRANSFORMANDO O COMÉRCIO ELETRÔNICO, UMA STARTUP DE CADA VEZ

Para construir um ecossistema de startups resiliente e em constante expansão, é essencial ter bases sólidas e contar com pessoas excepcionais. Neste capítulo assinado por Máté Rab, COO da Innonic, conhecemos a trajetória de uma antiga "agência de web design em ascensão" que se transformou em uma referência global no comércio eletrônico, com capacidade de lançar de dois a três novos empreendimentos por ano, financiados com capital próprio.

Para sermos sinceros, durante muito tempo nem sabíamos que éramos um estúdio de startups. Foi Attila quem nos fez enxergar que estávamos criando um novo tipo de empresa. Tudo começou em 2006, muito antes de nossos caminhos se cruzarem com o dele. Naquela época, nosso plano era – acredite – abrir uma agência de web design. Mas pouco antes da "cerimônia de fundação" (que na verdade seria uma tentativa de devorar uma pizza extragrande e absurdamente apimentada), nosso modelo de negócio mudou, e, assim, entramos no setor de comércio eletrônico.

No primeiro dia oficial de operação, Csaba Zajdo, um dos fundadores, escreveu em casa, no próprio computador, o artigo "As 12 Regras de Ouro para Lojas Virtuais de Sucesso" – antes mesmo de criarmos qualquer loja. Esse material ainda é, até hoje, o nosso principal conteúdo de atração (embora tenha sido revisado algumas vezes ao longo dos anos).

Avançando para 2011, já havíamos vendido mais de duas mil lojas online personalizadas na Hungria. Mesmo assim, os grandes projetos sempre foram desenvolvidos internamente pela nossa equipe. Foi nesse ano que decidimos mudar novamente o modelo de negócios e lançamos o ShopRenter.hu – uma espécie de "Shopify húngaro" (e isso antes mesmo de o Shopify começar a operar de fato). A mudança deu certo: em 2013, a maior parte da nossa receita já vinha da fonte recorrente gerada pelo ShopRenter.

Na primavera de 2014, lançamos o OptiMonk.com – nossa primeira startup com atuação internacional. A ideia surgiu de uma necessidade comum no comércio eletrônico: evitar a perda de visitantes por meio de soluções inteligentes no próprio site, como pop-ups personalizados.

Em janeiro de 2017, demos início ao Innonic Group, o primeiro estúdio de startups da nossa cidade. Aquela equipe inicial de quatro amigos de infância havia crescido para 90 colegas, e a receita ultrapassava os 3 milhões de euros. Apesar de todas as transformações, nossa visão continuava a mesma: construir histórias de sucesso com impacto global. Nossa missão é reinventar o comércio eletrônico e criar empresas de alto nível a partir de Debrecen, Hungria.

12.1. POR QUE SEGUIR O MODELO DE ESTÚDIO DE STARTUPS?

Acreditamos que o modelo de estúdio é o melhor caminho para desenvolver startups globais bem-sucedidas. Mas o que exatamente entendemos por estúdio de startups? Essa definição pode variar bastante – inclusive dentro da própria Hungria. Aqui está como nós aplicamos o modelo:

- **Criação simultânea de startups**: lançamos de duas a três novas startups por ano, paralelamente aos projetos que já estão em andamento. As iniciativas compartilham aprendizados, tanto de acertos quanto de falhas.
- **Equipe sênior e recursos centralizados**: cada nova startup conta com um CEO e um CTO dedicados, que têm acesso à expertise e aos recursos da nossa equipe principal.
- **Autofinanciamento**: todos os novos projetos são financiados com recursos próprios. Isso nos permite trabalhar sem depender dos prazos e exigências de investidores externos – e garante que cada ideia possa mostrar seu valor.

12.2. UMA CULTURA **INCRÍVEL**

Ter estabilidade financeira e equipes experientes é importante – mas isso, por si só, não garante o sucesso de um estúdio. No Innonic Group, acreditamos que a cultura é o verdadeiro alicerce de tudo. E, felizmente, temos uma cultura que nos orgulha. A palavra **INCRÍVEL**, em letras maiúsculas, não é só um entusiasmo qualquer – é também um acrônimo que expressa nossos valores essenciais:

- **I**nvestir sempre no aprimoramento contínuo;
- **N**unca deixar de surpreender nossos clientes;
- **C**ultivar o espírito de experimentação;
- **R**esolver o que for preciso – até varrer o chão;
- **Í**mpeto de dono em tudo o que fazemos;
- **V**alorizar o respeito mútuo;
- **E**ncarar o trabalho como parte do jogo;
- **L**evantar juntos quando celebramos ou enfrentamos obstáculos.

Falar sobre cultura é falar sobre a base da empresa – e, muitas vezes, sobre o que a diferencia das demais. Na Innonic, por exemplo, a leitura é parte do dia a dia: temos cerca de mil livros disponíveis entre biblioteca física e Kindle. Também promovemos palestras internas nas áreas de negócios e tecnologia, com gravações disponíveis no YouTube para quem quiser acessar.

Nosso Programa de Formação em Liderança apoia a qualificação de gestores intermediários. E, para o bem-estar do time, oferecemos sessões de massagem, frutas frescas, coaching empresarial, aulas particulares de inglês e acesso a academia.

A rotina não se limita ao trabalho: temos colegas que organizam partidas de "lean poker", hackathons e atividades de responsabilidade social – como pintura em escolas, campanhas de doação de sangue ou ações ambientais. Também celebramos juntos em aniversários e cada vez que alcançamos uma nova etapa importante.

Peter Drucker dizia que "a cultura devora a estratégia no café da manhã". Concordamos – e é por isso que colocamos esse aspecto no centro das nossas decisões. Para quem pensa em expandir ou desenvolver novos negócios ao mesmo tempo, vale a pena refletir antes sobre a cultura que está sustentando essa estrutura.

Hoje, o Innonic Group é proprietário do ShopRenter.hu, a principal plataforma de e-commerce da Hungria, com cerca de 30% de participação no mercado de tecnologia para o setor. O OptiMonk.com é nossa solução de comunicação no site, pensada para tratar os visitantes como pessoas, e não apenas como números. Também organizamos a Ecommerce Expo, maior conferência húngara voltada ao comércio eletrônico, com público médio de 2 mil participantes.

Esses chamados "negócios legados" seguem gerando receita – e com isso apoiam o lançamento e o crescimento das novas startups que estamos construindo.

12.3. O JEITO INNONIC

Nossa metodologia – como Roma – não foi construída da noite para o dia. Brincadeiras à parte, o primeiro ano foi repleto de tentativas, aprendizados e mudanças de rota. Testamos diversas abordagens, trabalhando lado a lado com investidores-anjo, fundos de venture capital e CEOs de startups. Nossa reputação na Hungria abriu portas e nos permitiu conversar – e contratar – pessoas extremamente talentosas.

Desse processo nasceu um modelo em cinco etapas, desenvolvido pela nossa Equipe de Validação, que está descrito em detalhes no nosso site: innonic.com/en/startup-studio-model.

12.3.1. Etapa 1: IDEAÇÃO – Geração e coleta de ideias (contínua)

Estamos sempre em busca de novas ideias – seja por meio das necessidades dos nossos clientes de e-commerce, seja lendo um bom livro ou assistindo a uma conferência. É um processo constante. Como organizamos isso? De forma simples: usamos uma planilha compartilhada. Sempre que surge uma ideia promissora, ela vai direto para esse documento.

De tempos em tempos, a Equipe de Validação analisa as ideias, discute e escolhe as que têm mais potencial. Aplicamos diferentes modelos de avaliação, mas ainda não encontramos uma fórmula perfeita – e, talvez, nunca encontraremos.

12.3.2. Etapa 2: PESQUISA – Pré-validação (2 a 4 semanas)

Nossos novos CEOs de startups – parte da própria equipe de validação – colocam as ideias à prova usando um orçamento modesto, dentro de um prazo de duas a quatro semanas. Durante esse período, além de validar o conceito, os futuros CEOs recebem formação prática.

A validação combina entrevistas com clientes, construção de landing pages e testes de conversão. O tráfego é gerado via anúncios no Google, Facebook ou e-mails direcionados, quando temos público adequado dentro de casa. Esse processo é tão bem estruturado que até criamos um curso online sobre ele – em húngaro. Afinal, há muito conteúdo sobre o tema em inglês, mas queremos compartilhar esse conhecimento com o público local e, quem sabe, encontrar futuros colegas.

Hora da história!
Sendo especialistas em SaaS voltado para e-commerce, uma ideia diferente surgiu da vivência de alguns de nós como pais: um modelo de *Stroller-as-a-Service*, algo como um "Uber de carrinhos de bebê". A proposta foi levada adiante e cumpriu todas as etapas de validação com bons resultados. Ainda assim, nenhum CEO quis assumir o projeto na fase seguinte. Talvez alguém que esteja lendo isso queira?

12.3.3. Etapa 3: VALIDAÇÃO – Fase Pré-Semente (3 a 6 meses)

Uma CEO de Startup assume o projeto escolhido. A missão agora é criar um **Produto Mínimo Incrível (MAP)** e mostrar sinais concretos de tração, com o apoio da nossa equipe principal – formada por profissionais de marketing, design e desenvolvimento. O prazo varia entre três e seis meses, com um investimento inicial de 20 mil euros.

Você talvez conheça o termo MVP. O MAP é uma evolução dessa ideia: hoje em dia, ninguém quer testar um software feio, instável e com poucas funções, mesmo que seja gratuito. Seu produto precisa ser *incrível* em pelo menos um aspecto desde o início – seja pela experiência do usuário, pela solução que oferece ou pela forma como se diferencia no mercado.

12.3.4. Etapa 4: FORMAÇÃO – Criação da empresa e equipe (18 meses)

Aqui é onde o projeto se transforma. O Innonic Group abre a empresa, investe 200 mil euros e dá autonomia ao CEO para montar o time e preparar a base de um produto com potencial de crescimento.

Em até 18 meses, a empresa precisa se mostrar financeiramente viável e/ou pronta para captar recursos com investidores. Ao longo desse tempo, a equipe participa de reuniões com o conselho e apresenta os avanços do projeto. Não é possível saber ainda se será a próxima Amazon ou um produto com atuação mais localizada – mas é exatamente essa construção coletiva que torna tudo tão envolvente.

Hora da história!

A CodersRank.io é uma das startups do nosso portfólio. É uma espécie de "LinkedIn para desenvolvedores", com ranking, comparações de habilidades, comunidade e ofertas de trabalho personalizadas. A ideia surgiu do contato com desenvolvedores e recrutadores e, em menos de um ano, venceu três competições de startups. Em 2018, recebeu o Prêmio Especial da Microsoft como Startup do Ano na Hungria. A fase de Formação foi concluída na primavera de 2019 e o projeto partiu para uma rodada de investimento com venture capital.

12.3.5. Etapa 5: CRESCIMENTO – Tornar-se independente e captar investimento

Nessa etapa, a startup já conta com uma equipe consolidada e uma estrutura estável. Se a empresa gerar receita suficiente, ela pode continuar crescendo com recursos próprios e se tornar um novo "negócio legado" – ou seja, uma fonte de capital para impulsionar outras startups do grupo.

Mas, caso precise de aportes maiores, buscamos investimentos externos. Já fizemos isso três vezes para fortalecer esse modelo. Em alguns casos, combinamos nosso jeito de fazer com o caminho tradicional, buscando apoio de fundos locais nas primeiras rodadas. Por serem mais acessíveis, esses fundos geralmente cobrem o início da escalada. As rodadas seguintes são feitas nos mercados onde a startup pretende se consolidar.

Hora da história!
O Conversific.com nasceu da escuta atenta aos nossos clientes. Trata-se de uma ferramenta de relatórios para e-commerce que reúne análises, CRM e sugestões personalizadas em um só lugar. Passamos anos ao lado dos principais players do setor na Hungria – o que nos deu acesso direto aos problemas reais e permitiu construir algo sob medida para esse público.

O produto é forte o bastante para ser sustentável com receita local, mas, ao mesmo tempo, está pronto para competir globalmente. Em 2018, recebeu sua primeira rodada da Série A de um fundo húngaro, com o objetivo de ajustar o produto ao mercado antes de escalar. A nova rodada, desta vez internacional, estava prevista para o início de 2020.

12.4. ALGUMAS REFLEXÕES FINAIS

Se você é um empreendedor experiente e está realmente considerando começar um novo negócio no modelo de estúdio, aqui vão algumas perguntas que vale a pena se fazer:

- O modelo de estúdio é mesmo o mais adequado para você? Este livro pode ajudar a responder.
- A cultura que você criou sustenta sua visão? Se tiver qualquer dúvida quanto a isso, é melhor resolver isso antes de seguir em frente.

- Qual é a sua vantagem competitiva? No nosso caso, é o comércio eletrônico e o mercado húngaro. E você, o que tem de único?

Se você chegou até aqui como CEO de uma startup ou Empreendedor Residente, venha falar com a gente. Vamos conversar sobre como podemos colaborar. Dê uma olhada na nossa estrutura societária e nos motivos pelos quais vale a pena nos escolher. É recompensador construir a própria empresa, mas também é um caminho cheio de obstáculos – definitivamente não é o mais fácil para fazer fortuna. Por isso criamos um sistema que oferece a nossos novos CEOs todo o conhecimento e os recursos necessários para transformar uma ideia em um negócio global em expansão.

Se você tem paixão por criar uma startup de comércio eletrônico, entre em contato. Estamos sempre abertos a boas conversas: https://www.innonic.com/en/startup-studio-model/

Se você é investidor e quer diversificar seu portfólio, inscreva-se para receber atualizações e garantir uma fatia do bolo. Estamos prontos para dividir mais – para crescer mais rápido: https://www.innonic.com/en/for-investors/

Começamos tudo isso em 2017, e tem sido difícil acompanhar o nosso próprio ritmo de crescimento. Tocar vários negócios ao mesmo tempo é muito mais complexo do que parece quando você já teve sucesso com um só. Nem tudo pode ser copiado de um modelo que funcionou antes. Mas você pode tentar. E errar. E tentar de novo. Até acertar – e transformar essa jornada em uma história de sucesso global.

– *Máté Rab*

13. ESTICANDO NOSSOS LIMITES

Quais são, afinal, os limites do modelo de estúdio de startups? Será possível criar uma organização capaz de lançar uma dúzia de novas startups viáveis por ano? Dá para fazer isso aqui mesmo, na Europa Central, longe dos grandes polos de inovação?

No começo de 2015, começamos a transformar a Drukka – com meu cargo de COO – de uma agência de desenvolvimento de software e marketing digital em uma verdadeira fábrica de startups. Nosso mantra era direto: "Vamos construir startups aos montes!" Naquele ano, iniciamos 11 projetos; até agora, 5 deles já receberam investimento seed, e 3 seguiram para uma rodada Série A – e continuam crescendo.

Essa jornada começou com o empreendedor em série Tamás Bohner, fundador da Drukka, que tentou atuar como investidor-anjo no fim dos anos 2000. Alguns dos investimentos deram certo: as startups chegaram a programas de aceleração de ponta. Mas, na maioria dos casos, ele se via de mãos atadas. O dinheiro era investido, mas as equipes não aceitavam suas orientações, os recursos evaporavam e os negócios não iam para frente.

Tamás queria mais do que apenas investir – ele queria fazer parte da construção de empresas que realmente pudessem transformar o futuro. Por isso, em 2011, começou a montar uma equipe de desenvolvedores e profissionais de marketing, que mais tarde se tornaria a Drukka Marketing. O objetivo era simples: formar uma equipe forte, garantir fluxo de caixa e, com isso, encontrar uma maneira de transformar tudo isso em um motor de inovação.

Quando nos conhecemos, no início de 2015, a empresa já contava com cerca de 15 pessoas, uma base de clientes consolidada e algumas experiências internas com produtos ligados a Bitcoin – os primeiros experimentos com startups criadas dentro de casa. Naquele momento, eu tinha acabado de encerrar minha primeira tentativa de startup. Depois de me recuperar rapidamente, estava pronto para um novo projeto. Mas queria encontrar um caminho mais inteligente – um que não exigisse que eu, como cofundador, sacrificasse tudo por uma chance mínima de sucesso.

13.1. ESTABELECENDO A BASE

Analisamos os casos da Betaworks e da Rocket Internet, e pensamos: *se eles conseguiram, por que não nós?* Queríamos transformar a Drukka em uma organização capaz de lançar dezenas de startups e nos tornar a plataforma mais ágil e robusta entre Berlim e Moscou. Só precisávamos descobrir como fazer isso.

Enquanto Tamás buscava ideias e possíveis coinvestidores, eu me juntei à equipe liderando uma nova iniciativa interna e comecei a estudar mais a fundo o universo dos estúdios de startups. Em julho, já tínhamos cerca de uma dúzia de ideias prontas para ganhar vida. Faltavam apenas as pessoas para assumir essas ideias – cofundadores ou CEOs que topassem o desafio.

Felizmente, mesmo num ecossistema ainda em formação como o de Budapeste, há muitos jovens empreendedores talentosos, motivados e antenados nas histórias de sucesso de estúdios mundo afora. Entre esses perfis, encontramos nossos primeiros parceiros, dispostos a apostar nesse novo modelo de criação de startups. Gente que já tinha tentado montar um negócio próprio ou um projeto de estilo de vida e sabia bem como é difícil acertar todos os elementos ao mesmo tempo. Eles estavam prontos para testar algo diferente – algo que lhes permitisse focar no crescimento do negócio, sem precisar gastar energia montando a estrutura básica.

Desde as primeiras conversas com investidores locais, ficou claro que não poderíamos contar com capital externo no curto prazo. Por sorte, Tamás decidiu apostar os recursos internos da Drukka – tanto financeiros quanto humanos – nessa ideia. Estávamos falando de cerca de 100 mil euros. Fizemos as contas e achamos que isso seria suficiente para um ano de experimentos, com 12 a 15 tentativas viáveis.

Isso significava que tudo teria que ser feito com o máximo de eficiência. Nosso orçamento por projeto era de 10 a 20 mil dólares – o bastante para testar a ideia e decidir se valia a pena seguir em frente ou abandonar. Com isso em mente, fazia sentido começar com ideias mais simples, que exigissem pouco investimento em desenvolvimento de produto.

Como já tínhamos experiência com campanhas de marketing B2C e uma equipe sólida em desenvolvimento de aplicativos web e mobile, optamos por começar com meia dúzia de startups no estilo da economia de compartilhamento. Algumas dessas ideias eram versões locais de modelos já testados em outros países. Isso nos permitia minimizar riscos, apostando em conceitos que já haviam provado seu valor em mercados mais maduros.

13.2. RECEITA DE STARTUP V1.0

Nossos primeiros experimentos cobriram de tudo um pouco: uma plataforma para serviços de limpeza doméstica, lavagem e engomadoria de roupas, um app para encontrar o advogado ideal, uma ferramenta de gerenciamento de escritório, um gateway de pagamento com Bitcoin, um app de segunda tela para canais de TV... e outras ideias que nem conseguimos mais lembrar. Organizamos o time em uma estrutura básica – uma equipe principal e subgrupos de desenvolvimento, design, marketing e back-office – e convidamos pessoas com perfil empreendedor e alguma experiência prévia para assumirem o papel de CEOs das startups que estávamos lançando.

A receita inicial era direta: fazer algumas horas de pesquisa de mercado, e, se a ideia parecesse promissora, partir para construir rapidamente um MVP funcional. Depois, era avançar com tudo em busca de tração. Se ela aparecesse, o próximo passo era montar um plano de negócios, um pitch para investidores e levantar capital semente para que a startup pudesse se emancipar da Drukka e crescer por conta própria.

Em alguns casos, essa abordagem funcionou como mágica. O Rendi.hu, nosso primeiro experimento de economia compartilhada – um portal de serviços de limpeza para a Europa Central – saiu do papel no fim de julho e já estava faturando algo em meados de agosto. Em outros casos, tínhamos um produto que funcionava bem, mas errávamos o momento ou o público certo. Encerrar essas iniciativas até que era simples; o difícil era ver o dinheiro investido escorrer pelo ralo.

Chegamos a tocar seis ou sete startups ao mesmo tempo. Como cada uma tinha um CEO dedicado, o trabalho de gestão do estúdio até que era leve. A ideia era agir como mentores, não tomar decisões no lugar deles. Mas percebemos que, se quiséssemos escalar nossas operações, precisaríamos repensar essa gestão. Afinal, existe um motivo para investidores tradicionais evitarem aportes muito pequenos: o esforço de cuidar de uma startup no começo é quase o mesmo de uma em crescimento acelerado. Ainda assim, queríamos ocupar esse espaço – preencher o "funil de startups". Isso exigia aprender a gerenciar muitas apostas pequenas ao mesmo tempo.

13.3. QUEBRANDO O GELO

Antes de acelerar a produção, precisávamos romper a primeira barreira: a captação de recursos. Quando já tínhamos três ou quatro startups com alguma tração, voltamos a conversar com investidores, querendo provar que, sim, era possível construir vários negócios ao mesmo tempo. Ganhar a confiança deles – e convencê-los sobre o modelo de estúdio – exigiu paciência. A maior resistência vinha da estrutura societária: será que os CEOs e as equipes estariam realmente motivados com participação acionária menor? Não bastava dizer que recrutamos gente com o perfil certo, nem garantir que o estúdio faria de tudo para ver as startups prosperarem. Precisávamos mostrar resultados: tração real, crescimento constante, consistência ao longo do tempo.

Nosso primeiro investimento fechado veio só no início de 2016. Em 2015, ainda antes de oficializarmos nossa atuação como estúdio, entramos como cofundadores em uma startup já em operação: a Keparuhaz.hu, um e-commerce de quadros personalizados. Apesar de crescerem rápido na Hungria, os fundadores enfrentavam dificuldades para escalar internacionalmente e atrair investidores. Entramos com uma pequena fatia acionária, mas a dedicação era como se fosse nossa. Assumimos a estratégia de expansão internacional e fomos atrás do financiamento. Meses depois, fechamos um aporte de 450 mil dólares para a empresa.

Pouco tempo depois, nossa primeira startup 100% interna, a Rendi.hu, também recebeu um investimento de 170 mil dólares. Na sequência, mais três – Neatly.hu, Tickething.com e EzExpress.hu – também concluíram suas rodadas de capital semente.

Foi aí que pudemos, finalmente, dizer: está funcionando. Queimando boa parte dos 100 mil euros iniciais, conseguimos lançar uma dúzia de startups, e quase metade delas chegou a um estágio inicial promissor, com produto validado, base de usuários crescente, geração de receita e sinais claros de sustentabilidade. Mesmo após os aportes e a separação formal das empresas, continuamos como participantes ativos nesses negócios.

Mas essa foi só a primeira camada de gelo a ser rompida. O novo desafio era gerar ainda mais tração e atrair investidores privados. E isso não é fácil: na Hungria, a cultura de investimento anjo ainda engatinha. Além disso, quem tem capital disponível muitas vezes se mostra desconfortável com o modelo de estúdio. A impressão é de que estão colocando dinheiro em uma "caixa-preta", sem controle sobre o que acontece.

Só que, ao olhar com mais atenção, o quadro muda: investir em um portfólio de startups de um estúdio significa distribuir o risco entre várias iniciativas construídas com método, disciplina e pouco capital. Em vez de apostar tudo em uma só ideia, o investidor pode fazer várias apostas pequenas – e algumas delas podem se tornar grandes histórias de crescimento.

13.4. UM FUNDO PARA O ESTÚDIO

Em 2017, depois de um longo processo de preparação, lançamos um fundo de investimento pré-semente chamado Studioone.hu, cofinanciado pela Drukka e por investidores externos. A ideia era simples: o fundo investiria entre 20 e 40 mil dólares em novas ideias, enquanto a Drukka forneceria todos os outros recursos necessários. Mantendo a sobrecarga no mínimo, estimamos que, com um capital de 1 milhão de dólares, poderíamos criar de 30 a 40 novas startups, nas quais o fundo teria entre 65% e 75% de participação acionária.

Para os coinvestidores, o fundo oferecia uma visão detalhada e um impacto prático na criação de um portfólio inteiro de startups. Como esses investidores também gerenciavam fundos maiores, o Studio One poderia se tornar uma fonte confiável de novas oportunidades de negócio. Assim, quando as startups atingissem o estágio inicial, os investidores poderiam decidir facilmente se queriam participar das rodadas seguintes de financiamento. Basicamente, estavam comprando oportunidades de investimento a um custo reduzido.

Sabíamos que investidores de estágios mais avançados poderiam não gostar da estrutura acionária dessas startups. Mas resolvemos isso nas rodadas de captação da Série A, diluindo as ações do estúdio e do fundo em favor do CEO e da equipe. Dessa forma, eles continuavam motivados, e novos investidores se sentiam mais confortáveis em entrar em novas rodadas de financiamento.

13.5. MUDANÇA DE RITMO

A maioria dos estúdios de startups se sente confortável criando duas ou três novas startups por ano. Isso permite que os fundadores acompanhem de perto cada empreendimento. Mas, quando passamos desse ponto, a gestão se torna mais complexa e os custos aumentam. Então, como poderíamos chegar à meta de 12 startups por ano?

A primeira medida foi agrupar as startups por setor ou mercado. Com isso, conseguimos realizar sessões conjuntas de mentoria e gestão com os CEOs de startups similares, aumentando a eficiência do processo. Também passamos a buscar sinergias, reutilização de código e outros ativos do estúdio.

Outro desafio era reduzir os custos iniciais de validação. Nos primeiros anos, desperdiçamos muito tempo e recursos desenvolvendo protótipos para ideias que simplesmente não eram viáveis. Então, mudamos a abordagem: em vez de criar um produto desde o início, primeiro integrávamos um novo CEO/cofundador e, juntos, testávamos de três a cinco ideias. O CEO realizava uma validação mínima, apenas com a oferta. Paralelamente, apresentávamos os conceitos à nossa rede de investidores e perguntávamos: "Se essa ideia decolar, você investiria?" Dessa forma, a maioria das ideias era descartada antes de qualquer investimento significativo, restando apenas uma que apresentava um bom potencial de mercado e aceitação entre investidores.

Enquanto isso, nosso primeiro lote de startups financiadas pelo fundo semente já estava se preparando para rodadas subsequentes de investimento. Com processos otimizados para reduzir custos e mitigar riscos, vimos um crescimento surpreendente nas avaliações. Em menos de 12 meses, as startups que saíram do estúdio tiveram um aumento médio de 13 vezes no valor de mercado na fase semente, seguido por um crescimento de 6 a 8 vezes durante as negociações da Série A. Quando os fundadores compreendiam bem a dinâmica do mercado e a lógica do negócio, com um lifetime value maior que o custo de aquisição de clientes, as startups estavam prontas para escalar rapidamente.

13.6. AO INFINITO E...

Em 2017, também demos um passo importante ao lançar uma parceria com a Metropolitan University e diversos players locais do ecossistema de startups: o METU Garage. A iniciativa foi criada para conectar estudantes universitários e jovens empreendedores com os recursos de um estúdio de startups. Diferentemente de uma aceleradora tradicional, o METU Garage oferecia suporte para a criação de novos empreendimentos, ajudando a formar uma geração de futuros CEOs e líderes para o ecossistema local.

Em 2018, conseguimos finalmente convencer uma grande empresa a testar um modelo diferente do tradicional programa de aceleração corporativa. Foi assim que nasceu a AHA Brain Store, uma iniciativa cocriada pela Drukka e a Antenna Hungária para desenvolver startups nas áreas de radiodifusão, multimídia, tecnologia de drones, IoT e OTT. Combinando a agilidade de um estúdio de startups com a expertise e o acesso ao mercado de uma empresa estabelecida, a AHA Brain Store se tornou um experimento valioso para esse tipo de colaboração.

A mais nova peça desse ecossistema foi o lançamento do Intellitext, um fundo semente de 3 milhões de dólares para investir em 10 a 15 startups em estágio inicial. Além do capital, as startups teriam acesso à infraestrutura do estúdio, criando uma combinação poderosa de financiamento e suporte estratégico.

O que começou como uma experiência em 2015 tornou-se uma máquina de construção de startups. Por mais empolgante que tenha sido participar dessa jornada, em 2018 senti que era hora de seguir em frente. Passei a trabalhar ao lado de novos estúdios emergentes e fundadores que queriam criar seus próprios impérios. Mas, no fundo, eu continuava sendo um construtor e precisava estar envolvido em algo prático e empolgante. Foi assim que, enquanto fazíamos consultoria, comecei a cocriar uma empresa de blockchain com Thomas e Drukka, desta vez como CEO residente (EIR-CEO). Usamos tudo o que aprendemos sobre o modelo de estúdio para construir essa nova iniciativa.

A Drukka continua crescendo. Veremos até onde ela chegará quando completar dez anos em 2025.

PARTE III

FUNIL DE ESTÚDIO

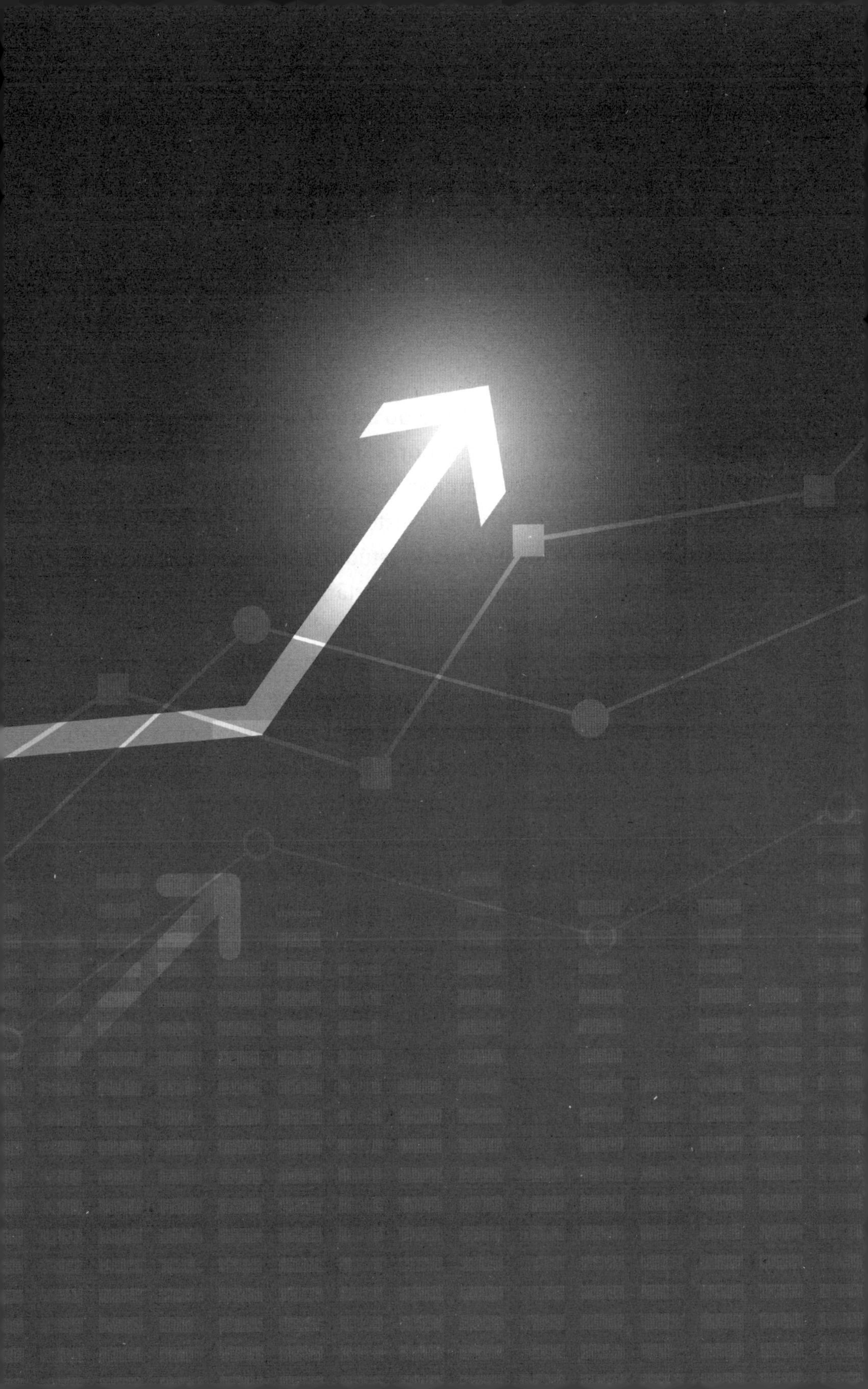

14. LIDERANÇA DE ESTÚDIO

Vamos explorar a estrutura do estúdio a partir de um de seus pilares fundamentais: os fundadores. Essas pessoas estabelecem o tom para todo o estúdio e, muitas vezes, determinam o sucesso ou o fracasso desde o primeiro dia. Neste capítulo, analisaremos as características comuns dos líderes de estúdio bem-sucedidos, as habilidades essenciais para o cargo e a importância do alinhamento entre valores pessoais e a construção de um estúdio.

Os estúdios de startups mais bem-sucedidos foram criados por empreendedores que já haviam alcançado o sucesso em uma de suas startups anteriores. Basta olhar para exemplos como Idealab, Betaworks, Science e eFounders. Seus fundadores são empreendedores visionários que valorizam o impacto prático de dar vida a novos produtos e empresas. Após alcançar o sucesso, eles quiseram continuar criando e gerando impacto em negócios em estágios iniciais. Muitos experimentaram o investimento-anjo - e alguns ainda atuam nessa área -, mas para eles, ser apenas investidor ou mentor não era suficiente.

Ter um histórico de sucesso anterior significa que esses fundadores não apenas trazem experiência, mas também podem fornecer o capital inicial. Montar uma equipe robusta para atingir uma escala ideal de operações exige recursos financeiros consideráveis, e conquistar a confiança de investidores leva tempo - um tema que exploraremos em um dos próximos capítulos. Ser capaz de financiar os primeiros empreendimentos pode ser um fator decisivo.

O histórico dos fundadores também costuma influenciar o foco do estúdio. Sua rede de contatos pode ser uma plataforma valiosa para criar novas startups dentro do mesmo setor. Essa perspectiva exclusiva e o acesso a determinadas tecnologias ou segmentos de mercado podem ser fatores essenciais na definição da tese e da estratégia do estúdio.

Existem diferentes formas de criar um estúdio. O Lab.Coop, por exemplo, seguiu um caminho distinto, conforme vImos no capítulo "Criando uma venture builder 100% em regime de copropriedade". Em alguns casos, startups inteiras decidem transformar sua equipe em um estúdio. Também há estúdios criados por corporações ou investidores institucionais, que veem essa abordagem como uma forma de gerar futuras startups para seus próprios fundos de investimento ou como potenciais aquisições.

Um exemplo interessante é a gigante de seguros AXA, que, em 2016, criou o Kamet Ventures. Nesse estúdio, tanto funcionários da AXA quanto empreendedores externos desenvolvem projetos inovadores no setor de insurtech. A vantagem é que o estúdio pode inovar sem estar sujeito às políticas e restrições corporativas convencionais. Vamos explorar esse tipo de estúdio mais detalhadamente no capítulo sobre venture builders corporativas.

14.1. ESCALE A SI MESMO

Um dos grandes segredos por trás do sucesso dos estúdios de startups é a capacidade de multiplicar forçadamente o know-how empreendedor. Um dos principais desafios, portanto, é descobrir como escalar a própria atuação dentro desse modelo.

Imagine que você seja um empreendedor talentoso, capaz de transformar uma ideia em um grande caso de sucesso. No estúdio, você pode compartilhar esse conhecimento diretamente com os CEOs das startups que está ajudando a criar. Seu envolvimento é maior do que o de um mentor tradicional, mas você também não fica sobrecarregado com as tarefas operacionais diárias da empresa nascente.

Esse compartilhamento de experiência é o que permite que até mesmo empreendedores iniciantes consigam ter sucesso na construção de startups dentro do estúdio. Contudo, essa dinâmica funciona bem até que o número de startups no estúdio aumente consideravelmente. Existe um limite para quantos empreendedores você consegue acompanhar ao mesmo tempo.

Aprender a escalar essa capacidade de liderança será um dos maiores desafios na expansão do estúdio. Se você não encontrar uma solução, pode acabar se tornando o maior obstáculo para o crescimento da organização.

Esse "autoescalonamento" não é fácil nem intuitivo. Se deseja liderar um estúdio que possa construir e apoiar dezenas de startups ao mesmo tempo, será fundamental estruturar uma equipe executiva sólida e processos bem definidos. Caso contrário, você se tornará um gargalo para a expansão do estúdio.

Para evitar isso, comece a formar uma equipe de gestão experiente (especialmente no gerenciamento de portfólio), padronize processos, delegue decisões e automatize sempre que possível.

Descubra como fazer isso e, depois, escale sem limites.

14.2. VOCÊ ESTÁ PRONTO PARA O TRABALHO?

Liderar um estúdio significa lidar com uma série de demandas complexas e diversas. Antes de embarcar nesse caminho, é importante ter clareza sobre o que está por vir. Abaixo, você encontrará algumas das missões que, inevitavelmente, farão parte da sua rotina.

A primeira delas é formar uma equipe principal capaz de atuar em múltiplos produtos – ou empreendimentos – ao mesmo tempo. Isso envolve ter acesso a profissionais qualificados (especialmente engenheiros de software em áreas de alta demanda), além de saber motivar a equipe a se engajar em projetos que, em algum momento, eles precisarão deixar para trás – como acontece no spin-off, quando a startup ganha autonomia e se desliga do estúdio. Também é seu papel atrair novos empreendedores ou desenvolver talentos internos para que assumam a liderança como CEOs das startups.

Outro ponto fundamental é manter o equilíbrio – e a harmonia – entre as startups criadas, os investidores do estúdio e o próprio estúdio. Vale lembrar que o estúdio é, ao mesmo tempo, o fundador das startups e o responsável por aportar recursos humanos e financeiros. De um ponto de vista, ele funciona como uma agência que atende seus próprios "clientes": as startups. De outro, é uma estrutura criada para entregar valor aos seus investidores. E isso, no fim das contas, passa por questões bastante práticas, como: qual será o custo dos serviços prestados às startups? Qual a estrutura de taxas de administração? Como será financiada a equipe principal – com investimento externo ou receita recorrente? São perguntas sensíveis, que exigem atenção constante.

Outro desafio é conquistar credibilidade e levantar os primeiros recursos. Convencer investidores a apostar em um estúdio requer mostrar que você tem – ou terá – uma equipe capaz de construir múltiplas empresas com bom potencial de retorno. Isso significa apresentar sua proposta de forma sólida e sustentar sua capacidade com base na sua trajetória e resultados anteriores.

Também será preciso lidar com os inevitáveis conflitos internos de alocação de recursos. Em um estúdio com várias startups e uma equipe enxuta, diferentes projetos vão disputar o mesmo talento. Pode ser que uma das startups esteja prestes a decolar, mas precise de mais gente do que o previsto. Ao aceitar essa demanda, você talvez precise suspender – ou até encerrar – outra iniciativa promissora.

Manter a operação funcionando com consistência exige também um bom domínio de gestão de portfólio. Isso inclui saber avaliar quais startups devem seguir adiante, quais sinais observar, e quando é hora de seguir ou recuar.

Entre as principais responsabilidades de quem lidera um estúdio, estão:

- Iniciar e conduzir todo o planejamento e construção dos projetos.
- Cuidar da estruturação legal e administrativa do estúdio.
- Participar de reuniões com investidores e liderar os processos de captação de recursos.
- Contratar e gerenciar a equipe principal (até que seja possível contar com um VP de RH).
- Atrair, selecionar e desenvolver empreendedores, cofundadores e CEOs.
- Estar presente na etapa de ideação e na tomada de decisões sobre novas startups.
- Acompanhar e orientar os CEOs das startups.
- Construir uma rede de conexões ao redor do estúdio – incluindo investidores, empresas e parceiros estratégicos.
- Impulsionar rodadas de investimento e preparar as startups maduras para a saída.

Você está disposto a lidar com tudo isso no dia a dia? Está pronto para tomar decisões importantes com frequência? Se sim, liderar um estúdio pode ser exatamente o que você está procurando – desde que essa escolha esteja em sintonia com os seus valores e objetivos pessoais.

14.3. ALINHAMENTO COM VALORES E VISÃO PESSOAIS

Se você está pensando em construir um estúdio, é fundamental ter em mente que essa é uma decisão de longo prazo. O objetivo é criar uma estrutura capaz de gerar novos empreendimentos em estágio inicial por muitos anos – cinco, dez ou mais. Por isso, é importante que essa escolha esteja em sintonia com o seu estilo de vida e com aquilo que você valoriza.

Veja alguns pontos que ajudam a entender melhor o que o "estilo de vida de estúdio" envolve:

- **Foco no topo do funil das startups, não na fase de escala:** se o seu sonho é fundar uma empresa que se transforme em um hiperunicórnio e ganhe destaque global, talvez você deva ir em frente e criar uma. Mas estúdios operam em uma etapa diferente do processo: a construção inicial. Ao liderar um estúdio, você precisa aceitar que uma das startups criadas ali pode, sim, se tornar um hiperunicórnio – mas o estúdio, por definição, não será esse protagonista. E tudo bem. As startups são o produto. O estúdio é a fábrica. E, convenhamos, quase ninguém presta atenção na fábrica.
- **A arte de deixar ir:** algumas das startups criadas por você vão amadurecer e seguir seu próprio caminho. Outras não darão certo e precisarão ser encerradas. Isso faz parte. Será você quem decidirá quais empresas seguirão em frente de forma independente e quais deverão ser encerradas, redirecionando recursos para novas ideias.
- **Gestão de uma equipe altamente talentosa:** você estará à frente de um time de venture builders – pessoas com capacidade criativa e técnica para lançar uma startup atrás da outra. O desafio é manter esse grupo motivado e produtivo, mesmo quando o processo começar a parecer repetitivo, o que costuma acontecer após os primeiros anos. Garantir que a equipe continue engajada será uma das suas responsabilidades mais importantes.

É um papel exigente. Ter experiência prévia na criação e gestão de uma agência pode fornecer uma boa base para começar.

Já ter fundado uma startup e acompanhado todo o seu ciclo até a saída, como CEO ou fundadora, também oferece uma bagagem valiosa. Ter investido em um portfólio de startups ajuda, mas é importante fazer a transição de uma mentalidade de investidora para a de construtora.

Depois de tomar essa decisão com clareza, chega o momento de desenhar o funil do estúdio – aquele que dará origem aos seus futuros empreendimentos.

15. VISÃO E ESTRATÉGIA

Planejar um estúdio é como planejar uma fábrica. A primeira pergunta é: qual será o seu produto? Nesse caso, o produto são as startups. Sua "fábrica" criará empreendimentos com perfis semelhantes – talvez compartilhando tecnologias, códigos e estruturas – ou adotará uma abordagem personalizada, com startups únicas? Essa escolha determina quais ferramentas e processos serão necessários e, consequentemente, define as habilidades que sua equipe precisa dominar. A partir daí, você poderá elaborar um modelo financeiro, prever o fluxo de caixa e decidir qual formato de financiamento faz mais sentido.

Mas podemos ir além: planejar um estúdio é, na verdade, criar um pequeno ecossistema. Um império, se preferir. Ele envolve o próprio estúdio, as startups que nascerão ali, investidores, parceiros estratégicos e, potencialmente, elementos como uma aceleradora parceira ou espaços de coworking. Tudo isso forma uma rede dinâmica e interconectada.

Para montar essa estrutura, é preciso adotar um processo iterativo, semelhante às abordagens de Design Thinking, Lean Startup ou Business Model Canvas. Aqui, o uso de muitas anotações, planilhas e um bom quadro branco se torna essencial.

15.1. CARACTERÍSTICAS DE UM "BOM ESTÚDIO"

Antes de desenhar os planos, é importante definir que tipo de estúdio você quer construir. Quais qualidades ele precisa ter? No mínimo, um bom estúdio deve ser:

- **Sustentável**: capaz de criar várias startups ao longo do tempo.
- **Eficiente**: beneficiando-se de economias de escala e da construção de uma base sólida de conhecimento coletivo.
- **Gerador de startups viáveis**: os empreendimentos que saem do estúdio conseguem atrair clientes, gerar receita e crescer.
- **Antifrágil**: aproveita recursos de iniciativas que não deram certo, redirecionando talentos e esforços.

15.2. INDICADORES-CHAVE DE DESEMPENHO

O conceito do *One Metric That Matters* (OMTM), do Lean Analytics, é bastante útil. Ele propõe que toda startup foque em um único indicador essencial – aquele que realmente determina seu sucesso ou fracasso. Esse indicador costuma estar ligado à geração de receita, exceto em casos muito específicos.

Mas e no caso de um estúdio? No curto prazo, é tentador adotar métricas de vaidade, como o número de startups criadas ou o total de usuários. No entanto, para garantir a sustentabilidade do estúdio no longo prazo, a melhor métrica é a receita acumulada – tanto das startups quanto do próprio estúdio. Outra opção é avaliar o valor total do portfólio, mas a receita oferece um retrato mais claro do desempenho no mercado.

A receita, especialmente quando está em crescimento, revela que você e sua equipe:

- Estão desenvolvendo produtos ou serviços que as pessoas realmente precisam;
- Conseguem vendê-los para os públicos certos;
- Criaram uma base sólida e escalável para abrigar múltiplos negócios;
- Sabem priorizar, encerrando iniciativas que não funcionam;
- Têm poder de negociação na hora de buscar novos investimentos.

Esse fluxo de receita garante que o estúdio e suas startups operem de forma estável, com capacidade para crescer e gerar negócios consistentes.

15.3. RELAÇÕES ENTRE ESTÚDIO E STARTUPS

Algumas perguntas fundamentais precisam ser respondidas: qual será a relação jurídica entre o estúdio e os empreendimentos que surgirem? Você vai abrir uma nova empresa a cada ideia ou manterá tudo sob uma estrutura única, ao menos no início, para economizar com questões legais? Vai cobrar pelas horas de trabalho da equipe? E quando uma startup amadurecer – vai continuar atuando nela ou venderá sua participação?

Ao ler o restante do material, incluindo os capítulos e estudos de caso, você estará mais preparado para responder a essas questões.

15.4. BENCHMARK

Vale a pena estudar outros estúdios semelhantes ao que você quer construir. Analise seus sites, entenda suas teses de investimento. Veja o perfil dos funcionários no LinkedIn, quem são seus empreendedores residentes (EIRs) e os CEOs das startups. Pesquise suas startups na AngelList, CrunchBase e outras plataformas. Avalie o desempenho das empresas que surgiram ali ao longo de 1, 5 ou mais anos.

Com isso em mente, comece a estruturar os detalhes do seu próprio estúdio.

15.5. ETAPA 1: PRINCÍPIOS, CRENÇAS E RESTRIÇÕES

Nesse estágio inicial, liste todos os princípios, crenças, restrições e suposições que guiarão seu estúdio. Você está disposto a se mudar, se necessário, ou quer criar o estúdio na sua cidade? Prefere trabalhar com B2B ou B2C? Essas decisões são pessoais, e só você pode saber o que o motiva e o energiza.

15.6. ETAPA 2: FOCO E PERFIL DAS STARTUPS

É hora de escolher um setor ou tecnologia. Isso permitirá que você encontre sinergias entre as startups criadas.

Algumas perguntas ajudam a orientar essa escolha: se você pretende atuar em um mercado já estabelecido, tem o conhecimento e os contatos certos para isso? Não adianta contratar pessoas brilhantes se você entrar em um setor que não entende. A melhor forma de reduzir esse risco é escolher um mercado em que você tenha experiência e conexões. Fuja de áreas atraentes, mas desconhecidas, até que seu estúdio esteja consolidado.

Diretrizes para avaliar mercados:

- Você tem experiência ou rede de contatos nesse setor?

- Quais são as tendências – tanto do mercado consumidor quanto dos investidores?
- Quem são os principais nomes do setor, entre empresas e startups?
- O que se espera para os próximos 3, 5 ou 10 anos?
- Existe um problema ainda não resolvido ou uma oportunidade despercebida?
- Você consegue acesso fácil aos clientes?
- Há potencial para construir uma vantagem duradoura?
- Quais são as barreiras de entrada?
- Qual o tempo médio para que uma startup desse setor atinja o ponto de saída?

A partir dessas respostas, você poderá desenvolver uma tese sobre os tipos de startups que pode criar para atender a essas demandas. Algumas recomendações:

1. **Escolha áreas com alta margem**: evite competir apenas em preço. Margens baixas dificultam a sustentabilidade. Foque em nichos nos quais você possa oferecer algo único e lucrativo. Isso permite expandir sua equipe e, ao mesmo tempo, manter capacidade para criar novas startups.
2. **Resolva problemas reais**: deixe de lado ideias forçadas, como "o Uber para gatos". Em vez disso, siga o dinheiro. Crie soluções baseadas em necessidades reais, com clientes dispostos a pagar desde o início.
3. **Tenha visão de longo prazo**: mesmo que tudo funcione, o estúdio levará de 3 a 5 anos (ou mais de 7) para entregar resultados sólidos. Para isso, será necessário desenvolver uma cultura forte, formar uma equipe capaz de escalar, conquistar a confiança de parceiros e manter o foco no mercado escolhido.

Construa startups resilientes, não castelos de areia. Deixe de lado a busca por ganhos rápidos. Prefira resultados concretos a promessas. E inspire-se em quem já trilhou esse caminho.

15.7. ETAPA 3: FUNIL

Agora que você já sabe em que mercado atuar e quais startups construir, pode desenhar seus processos. O próximo capítulo aborda isso em detalhes e explora etapas como:

- Geração de ideias (ideação).
- Validação e decisões de seguir ou não em frente.
- Construção e desmembramento inicial das empresas.
- Expansão e gestão do portfólio.

15.8. ETAPA 4: EQUIPE PRINCIPAL E EMPREENDEDORES RESIDENTES

Com o funil definido, é possível entender quais habilidades sua equipe precisa ter. A partir disso, você poderá formar o time principal e atrair empreendedores residentes que liderarão os novos negócios. Cada grupo exige um tipo de mentalidade, por isso eles serão abordados em capítulos distintos.

15.9. ETAPA 5: FINANÇAS E CAPTAÇÃO DE RECURSOS

Os próximos dois capítulos tratam de como estimar as finanças do estúdio e levantar o capital necessário para colocá-lo em operação.

15.10. ETAPA 6: VERIFICAÇÃO DA REALIDADE

Antes de apresentar seu estúdio a investidores, é hora de fazer uma checagem. Pergunte a si mesmo – e às pessoas-chave do projeto:

- Nossa visão e estratégia estão em sintonia com nossos objetivos pessoais de longo prazo?
- O mercado escolhido é realmente atraente? Temos alguma vantagem competitiva?
- Temos acesso aos contatos certos para começar?
- Conseguiremos levantar o capital necessário para os primeiros empreendimentos?
- Estamos tirando bom proveito das características de um estúdio?
- Nosso modelo financeiro é realista?
- Já mapeamos investidores e possíveis compradores para nossas startups futuras?
- Estamos prontos para liderar essa organização pelos próximos 5, 10, 15 anos, criando e soltando empreendimentos conforme eles amadurecem?

15.11. ESPERE DESAFIOS OPERACIONAIS

Você também enfrentará obstáculos operacionais nos primeiros 3, 6, 12 ou 18 meses. Como lidar com conflitos de prioridades entre startups? Como tomar decisões de seguir ou parar em nível de portfólio? Como fazer o spin-off de startups bem-sucedidas, considerando os diferentes perfis de investidores em cada estágio?

Depois de 1,5 a 2 anos e com 8 a 12 startups em operação, o ritmo se estabiliza. O estúdio entra em uma fase de expansão com processos mais sólidos e cultura definida. Mas antes de chegar lá, vamos analisar cada um desses componentes com mais detalhes.

16. O FUNIL DE ESTÚDIO

O principal ativo de uma venture builder é sua capacidade de criar startups em escala. Neste capítulo, vamos explorar as etapas essenciais desse processo, desde a seleção do mercado até a gestão do portfólio de startups. Como cada estúdio tem sua própria abordagem, você precisará ajustar essas etapas conforme sua realidade – por exemplo, definir quanto está disposto a investir na validação de ideias e quais serão os seus critérios de continuidade ou desistência. Mas, de maneira geral, um funil de estúdio bem estruturado segue as etapas a seguir.

Vale um aviso: essas etapas se aplicam a estúdios que desejam controlar todo o processo de criação de startups. Se seu estúdio colabora com equipes externas ou cofundadores para desenvolver produtos, algumas dessas diretrizes podem não se encaixar. O diferencial do modelo de estúdio está na capacidade de moldar startups desde o início – antes mesmo da fase de ideiação. Isso inclui um processo rigoroso de seleção e validação de ideias, otimizando custos. Se um estúdio assume apenas um papel de apoio e entra como "o enésimo cofundador", esse diferencial pode se perder. Para minimizar esse risco, é essencial que o estúdio avalie com o mesmo rigor tanto as startups e ideias que gera internamente quanto aquelas vindas de empreendedores externos.

16.1. GERE UM FLUXO CONSTANTE DE IDEIAS

A essência de um estúdio está em lançar startups em sequência. Para isso, é fundamental ter um fluxo constante de ideias. Enquanto aceleradoras buscam empreendedores externos, os estúdios costumam gerar suas próprias ideias e construir startups em torno delas.

Como discutimos no capítulo anterior, vale à pena focar em um mercado de cada vez. Isso permite que a equipe compreenda melhor suas dinâmicas, aprimorando a geração e validação de ideias. A maioria dos estúdios de sucesso se especializa em um setor ou segmento específico: a Betaworks, por exemplo, foca em mídia, enquanto a eFounders atua em SaaS. Se você ainda está nos primeiros estágios e tem flexibilidade financeira, experimente diferentes mercados até encontrar o que melhor se encaixa no seu modelo.

Para manter um pipeline de ideias sempre abastecido, estabeleça sessões regulares de ideação, acompanhe notícias do setor para identificar tendências e oportunidades e anote todas as ideias potenciais. Tenha um sistema de pontuação para avaliar quais ideias seguirão para a próxima fase.

Criar muitas ideias é essencial para evitar desperdícios. Muitas startups queimam dinheiro porque fundadores e investidores insistem em projetos sem trânsito real no mercado. Em um estúdio, onde os recursos são compartilhados entre várias iniciativas, isso não é viável. Se você concentrar seus recursos em uma única ideia fracassada, pode comprometer todas as outras.

Aprenda a abandonar ideias rapidamente e seguir em frente:

- Estabeleça limites claros de investimento para cada ideia.
- Seja eficiente e econômico na fase de validação e desenvolvimento inicial.

- Se uma ideia precisar ser descartada, que isso aconteça de forma rápida e barata.
- Tenha sempre um repertório de novas ideias prontas para serem testadas.

Uma boa prática é realizar oficinas de 60 minutos para gerar ideias. Nossa experiência mostrou que esse formato pode ser bastante eficaz:

- Começamos do zero, com a mente aberta.
- Identificamos problemas reais no mercado.
- Escolhemos o mais relevante com base na intuição.
- Criamos soluções possíveis.
- Priorizamos e selecionamos a mais promissora.
- Desenvolvemos um conceito inicial do produto e um modelo de negócio.

Repetindo esse processo diariamente, ao final de um ano você terá mais de 300 conceitos viáveis para escolher. Com tantas opções, é mais fácil evitar investimentos mal planejados.

Métodos de geração de ideias:
- Inspiração pessoal: onde você quer causar impacto?
- Análise de sucessos anteriores, próprios ou do estúdio.
- Identificação de tendências em mercados e tecnologias.
- Estudo de startups e grandes players do setor.
- Exploração de conexões estratégicas (se você tem contatos corporativos que fazem muitas aquisições, por exemplo).
- Entrevistas com clientes e executivos para identificar dores do mercado.

O que você precisa para começar a idealizar:
- Uma visão clara do estúdio e seu mercado-alvo.

- Um laptop com acesso à internet.
- Pelo menos uma pessoa disposta a começar – você pode gerar ideias válidas antes mesmo de investir na estrutura do estúdio.

Ferramentas e métodos recomendados:
- Quadro branco para anotações.
- Planilha de ideias contendo descrição, produtos similares, perfil hipotético de cliente, pontuação de mercado e viabilidade.
- Metodologias como Design Thinking, Value Proposition Canvas e Business Model Canvas.

Resultado esperado desta etapa:
- Ideias de produtos e serviços estruturadas o suficiente para iniciar testes de validação.

16.2. VALIDAÇÃO INICIAL E SELEÇÃO DE IDEIAS

Vamos supor que você já tenha uma dúzia de ideias prontas para sair do papel. O primeiro passo é descobrir quais merecem ser priorizadas. Um jeito simples de fazer isso é atribuir notas de 1 a 5 para cada ideia em três categorias:

- A gravidade do problema que ela resolve;
- O tamanho do mercado;
- O grau de confiança – com base na sua intuição – de que será possível construir algo inovador e com alto potencial de crescimento.

A ideia com a maior pontuação avança, e é hora de começar o processo de validação. Para isso, o ideal é trabalhar com um orçamento enxuto e um prazo curto – de alguns dias a poucas semanas.

Se quiser, já é possível designar um empreendedor para liderar essa fase, mesmo que o papel ainda seja temporário. Lembre-se: essa etapa ainda é voltada à triagem. É bem provável que nem todas as ideias sobrevivam a esse primeiro filtro.

Recursos necessários:
- Uma equipe de validação (por exemplo, um analista de negócios ou empreendedor, além de quem possa montar páginas de teste e rodar campanhas online).

Pré-requisitos para começar:
- Lista de ideias priorizadas para teste.

Ferramentas e métodos:
- A depender de o projeto ser B2B ou B2C, e do mercado-alvo, use métodos já consagrados na validação de startups: landing pages, anúncios pagos, contatos diretos com clientes, entre outros.

Tarefas principais:
- Medir o interesse do mercado e dos potenciais clientes;
- Estimar o custo de aquisição de cliente (CAC) e o tempo do ciclo de vendas;
- Identificar canais de aquisição e possíveis motores de crescimento;
- Decidir quais ideias devem seguir para a próxima etapa: a de construção.

Resultado desta etapa:
- Um pitch deck com o conceito da startup;
- A concepção de um Produto Mínimo Viável, ou mesmo de um Produto Mínimo "adorável" ou "incrível", como preferir chamar.

É importante mencionar que alguns estúdios já se comprometem bastante com uma ideia nesse estágio inicial. Se esse for o seu caso – ou se você pretende investir mais tempo e recursos na validação de cada proposta – será necessário estabelecer um filtro mais criterioso entre as fases de ideação e validação. Outra possibilidade é basear essa escolha nas competências específicas dos parceiros do estúdio ou dos empreendedores envolvidos.

16.3. LIXEIRA DE IDEIAS

Antes de partir para a construção, é importante abordar um tema delicado: o momento de encerrar ideias e startups que não estão dando certo. Esse é um ponto essencial, já que, em uma venture builder, você não pode se dar ao luxo de manter recursos presos a projetos que não avançam. É muito mais produtivo deixá-los de lado e focar em uma iniciativa com mais potencial.

Na prática, isso é mais difícil do que parece. Dentro de um estúdio de startups, você vai lidar com empreendimentos de naturezas bem distintas – e, muitas vezes, não é simples saber quais podem prosperar e quais devem ser descartados. Além disso, abandonar uma ideia pode ser emocionalmente difícil, especialmente para quem se envolveu profundamente com o projeto.

Um exemplo disso foi o caso da *Offixed*, em 2015. Nossa proposta era transformar o mercado de suprimentos de escritório com uma solução que tornasse o processo de pedidos mais simples e barato. Chegamos a trazer um novo CEO, experiente no setor de importação e exportação, pronto para encarar o desafio. Mas, após alguns meses, ficou claro que o mercado de suprimentos na Europa Central e Oriental não seria tão fácil de conquistar quanto imaginávamos. Sim, poderíamos ter insistido por mais seis meses, torcendo por um ponto de virada. Mas percebemos que isso consumiria recursos preciosos, prejudicando o lançamento de outras startups. Então, com o apoio do CEO, encerramos as operações.

Até aí, tudo bem. A surpresa veio depois: após um breve período de descanso, o mesmo CEO voltou ao estúdio com uma nova proposta. Apostamos nela, e a nova iniciativa se transformou em uma startup bem-sucedida – que, hoje, já está além da Série A.

Três fatores principais nos ajudaram a fazer essa transição de forma rápida e saudável:

- **Tome decisões rápidas e com transparência:** adiar indefinidamente a decisão de encerrar um projeto só prolonga a frustração de todos os envolvidos. É muito mais eficaz definir critérios claros de sucesso e fracasso, prazos objetivos e um orçamento fixo para alcançar tração. Se a startup atingir as metas estabelecidas, siga em frente e invista o necessário para buscar um financiamento inicial. Se não, encerre e passe para a próxima.
- **Prepare sua equipe em nível profissional e pessoal:** quando o estúdio está nos estágios iniciais, é comum que a equipe esteja 100% dedicada a um único projeto. Por isso, deixá-lo de lado pode ser difícil. Uma forma de tornar esse processo mais leve é reduzir gradualmente o esforço dedicado à Startup A e já iniciar as movimentações da Startup B – antes mesmo de encerrar totalmente a primeira. Com o tempo e mais recursos no estúdio, isso se torna mais natural. Ainda assim, a armadilha do custo irrecuperável estará sempre por perto. Aprenda a se desapegar, no momento certo.
- **Valorize as experiências coletivas do estúdio:** uma das grandes vantagens do modelo de estúdio, em comparação com startups tradicionais, é que, mesmo quando uma iniciativa fracassa, a equipe pode continuar junta. Isso inclui também os fundadores. Com o tempo, esse acúmulo de vivências forma uma base de conhecimento compartilhado poderosa – que vai tornar a construção das próximas startups mais rápida e mais inteligente.

Para tirar proveito disso, é importante incluir uma avaliação pós-morte de cada tentativa frustrada. E, antes de começar um novo projeto, faça uma análise pré-morte: imagine o que pode dar errado antes de investir tempo e recursos. Em resumo, seu estúdio precisa cultivar uma cultura que encare o encerramento de ideias como algo natural – e até saudável – no processo de construção.

16.4. CONSTRUÇÃO INICIAL

Agora é hora de criar algo que realmente conquiste os usuários. Nesta etapa, é fundamental contar com Empreendedores-CEO dedicados para cada iniciativa. Dependendo da complexidade do produto, pode ser necessário também designar um CTO exclusivo. Com esse time de liderança definido, eles poderão se reunir com a equipe principal para delinear os planos e modelos de um produto inicial. A escolha das ferramentas de prototipagem pode ficar a critério da equipe.

Essa fase ainda deve ser rápida e com orçamento enxuto. Em se tratando de aplicações web mais simples, algumas semanas de desenvolvimento já podem ser suficientes. O foco deve ser em uma funcionalidade principal, com um design agradável e fluido – o bastante para lançar algumas campanhas de marketing iniciais, testar aquisição de usuários e realizar testes com usuários reais (no caso de modelos B2C).

Já em produtos B2B, a dinâmica é bem diferente. Tivemos, por exemplo, uma startup de RH voltada para aumentar o engajamento de funcionários e otimizar a gestão de desempenho em centros de serviços. Foi necessário muito mais tempo e paciência para fechar contratos e implementar a solução em grandes empresas. Nesse cenário, o cuidado com os detalhes desde o começo é essencial.

Requisitos para iniciar esta fase:
- Aprovação da liderança do estúdio, incluindo a definição de orçamento.

Objetivos a alcançar:
- Validar o encaixe problema-mercado e produto-mercado, além de gerar tração;
- Construir uma startup pronta para ser formalizada e receber novos aportes (do próprio estúdio ou de investidores externos – veja mais no capítulo sobre captação de recursos).

Recursos necessários:
- CEO dedicado (e CTO, se necessário);
- Equipe principal e verba para desenvolvimento;
- Equipe específica para as operações da startup (como atendimento ao cliente, vendas, etc.).

Tarefas principais:
- Desenvolver o Produto Mínimo Viável/Adorável/Incrível;
- Conquistar os primeiros usuários (early adopters);
- Ajustar e aprimorar o produto;
- Testar canais e estratégias de crescimento;
- Criar o roadmap de negócios da startup;
- Iniciar a captação de recursos (em parceria com a liderança do estúdio).

Ferramentas e métodos:
- A partir deste ponto, aplicam-se as metodologias clássicas de construção de startups. A diferença é que o CEO (e o CTO) terá o estúdio como uma plataforma de apoio e estrutura base para acelerar o desenvolvimento.

Resultado esperado desta fase:
- Um produto que já demonstre tração – idealmente com clientes pagantes, receita recorrente e um caminho claro de crescimento sustentável;
- Pitch deck atualizado da startup.

16.5. DECISÃO DE IR / NÃO IR

Como decidir quais startups devem ser encerradas e quais têm potencial para seguir adiante? Um bom critério é avaliar se, ao final da fase inicial de experimentação, a startup tem um MVP funcional, usuários ativos e um mecanismo de crescimento escalável. Outra abordagem seria estabelecer um padrão ainda mais alto e buscar diretamente o ajuste Produto-Mercado.

Para definir esses marcos, é importante saber até onde o estúdio pode se comprometer com cada experimento. No nosso caso, destinamos entre 10 e 20 mil euros e de 3 a 6 meses para cada uma das startups do nosso portfólio de economia compartilhada. Investir mais do que isso em uma única startup significaria perder a oportunidade de testar outras, o que comprometeria nossa meta de longo prazo de lançar de 12 a 15 startups por ano. Assim, após essa fase, cada startup precisava atingir um patamar mínimo para captar investimentos. Isso incluía um produto funcional, usuários ativos e em crescimento, além de geração de receita. Se esses critérios fossem atendidos, podíamos apresentar a startup à nossa rede de investidores para uma rodada inicial.

16.6. RODADA DE CRESCIMENTO E CRIAÇÃO DE SEMENTES

Quando identificamos um ajuste Produto-Mercado, damos início à preparação para uma rodada de captação de investimentos. Nessa fase, as ferramentas mais usadas são simples: apresentações e planilhas para estruturar um pitch deck sólido e projeções financeiras realistas.

A vantagem de operar como um estúdio de startups é que, com algumas empresas bem-sucedidas no portfólio, torna-se mais fácil dialogar com investidores. Aproveitamos essa credibilidade para levantar rapidamente o capital necessário e permitir que a startup se torne independente e possa escalar.

Os processos e ferramentas usados nesse estágio são os tradicionais: apresentações, planilhas, e-mails e um banco de dados de investidores – essencialmente, um CRM básico para acompanhar negociações e contatos. O ideal é seguir as melhores práticas já consolidadas no ecossistema de startups.

Outro ponto importante é decidir qual será o papel do estúdio após essa rodada de investimentos. Muitos estúdios optam por manter representantes no conselho da startup e continuar atuando como cofundadores ativos.

16.7. EXPANSÃO E ALÉM

Suponha que algumas das suas startups consigam captar investimentos iniciais. O próximo passo é garantir que elas possam se tornar independentes do estúdio, abrindo espaço para novos investimentos e futuras saídas.

Nesta fase, o CEO da startup já terá orçamento para expandir a equipe dedicada. O primeiro passo é formar uma equipe de gestão para assumir as principais áreas operacionais – como desenvolvimento de produto, vendas e marketing –, substituindo gradualmente o suporte da equipe principal do estúdio.

Um ponto delicado nesse momento pode ser a renegociação dos termos financeiros entre o estúdio e a startup. Isso inclui discutir quais serviços a startup ainda precisará da "nave-mãe", quais taxas horárias são justas para esses serviços e como garantir uma transição equilibrada para ambos os lados.

Além disso, tanto o CEO quanto a liderança do estúdio estarão focados em interações com investidores, seja buscando novos aportes para a startup, seja explorando caminhos estratégicos para uma eventual saída.

16.8. SAÍDA

Quando se fala em saídas de startups, existem diferentes estratégias. Alguns estúdios priorizam ganhos rápidos e posicionam suas startups para aquisições estratégicas, usando o capital dessas vendas para financiar novas iniciativas. Outros têm uma visão de longo prazo, investindo na construção de startups com sinergias, buscando criar unicórnios e dominar mercados inteiros.

O mais importante é que o estúdio tenha clareza sobre qual estratégia faz sentido para seu modelo de negócios e sua equipe.

Minha visão é que, em ecossistemas de startups menos desenvolvidos, a melhor abordagem é buscar saídas em estágio inicial. Isso ajuda a formar um grupo local de CEOs experientes, que terão passado por todas as fases do ciclo de uma startup – da concepção à venda.

Agora, vamos explorar como você pode construir uma equipe forte e atrair empreendedores capazes de conduzir esse processo.

17. EMPREENDEDORES RESIDENTES E CEOS

Um ponto em que todos os estúdios concordam é que encontrar as pessoas certas é o maior desafio. É preciso identificar cofundadores com uma combinação sólida de mentalidade empreendedora e flexibilidade para atuar em diversas startups ao mesmo tempo – muitas vezes com prioridades conflitantes. Esse perfil requer uma mistura rara: alguém disposto a correr riscos e a trabalhar com entusiasmo em um projeto, mas também capaz de mudar de foco rapidamente, se necessário. Vamos ver como atrair e desenvolver esses empreendedores.

Os *Entrepreneurs-in-Residence* (EIRs) são uma peça-chave no crescimento eficiente de estúdios e iniciativas corporativas voltadas para startups. Um EIR bem preparado atua como uma fusão entre o fundador clássico e um gestor de negócios. Quando capacitado, ele pode:

- Identificar o que o mercado precisa, usando métodos ágeis e enxutos;
- Traduzir essas descobertas em orientações para que a equipe principal desenvolva um produto viável;
- Lançar esse produto, gerar tração, buscar financiamento e, com sorte, conduzir a startup até uma saída.

O primeiro passo é montar um processo eficaz para selecionar, integrar e capacitar esses EIRs de forma consistente e sustentável. Algumas boas práticas vêm sendo adotadas por estúdios como Betaworks, que promove um ambiente equilibrado para quem propõe ideias; Efounders, que é criteriosa na escolha de cofundadores técnicos e de negócios; e Midealab, que se destaca por cultivar uma cultura forte e saudável no estúdio – todos abordados em mais detalhe nos estudos de caso. Aqui estão os principais aspectos que você deve considerar:

17.1. CRIAÇÃO DE PERFIS E AVALIAÇÃO

Se você já tem em mente o tipo de startup que quer construir, pode traçar o perfil ideal de CEO desde o início. É possível decidir, por exemplo, se o estúdio vai formar empreendedores mais jovens e treiná-los internamente, ou se o foco será atrair profissionais experientes – nesse caso, será necessário pensar em como convencê-los a se juntar a um estúdio ainda em formação e em como recompensá-los de forma justa.

Ao avaliar candidatos a EIR, leve em conta fatores como histórico profissional, estilo de liderança, rede de contatos no setor-alvo e capacidade de orientação. Você também pode se basear em perfis de EIRs e CEOs bem-sucedidos em estúdios semelhantes para definir critérios de comparação.

17.2. ATRAÇÃO DE TALENTOS

Existem diversas estratégias para atrair EIRs para o estúdio:

- Acionar sua rede de contatos (fácil de implementar no início, mas pouco escalável e demanda muito tempo da liderança do estúdio);
- Construir uma presença forte da marca – seja do estúdio, seja de seus fundadores – nos meios digitais;

- Participar ativamente de encontros e eventos do ecossistema local de startups;
- Formar uma comunidade ao redor do estúdio, reunindo pessoas talentosas e interessadas em empreender;
- Testar iniciativas como programas *Hackers-in-Residence*, hackathons, entre outros.

Encontrar candidatos totalmente prontos será difícil. Muitos não terão experiência em alguma das áreas exigidas ou estarão envolvidos em projetos próprios, o que pode dificultar o comprometimento. Para atrair empreendedores mais experientes, mostrar resultados concretos pode ser essencial.

17.3. INTEGRAÇÃO E TREINAMENTO

O estúdio precisa de um sistema eficaz de desenvolvimento de CEOs, que garanta a formação das habilidades necessárias, de acordo com o mercado e com a tese do estúdio. Isso pode incluir:

- Fundamentos gerais sobre startups e como conduzi-las da ideia à saída;
- Técnicas de ideação, validação e modelagem de negócios;
- Conhecimentos voltados para geração de receita: vendas, growth hacking e afins;
- Relação com investidores: como apresentar um pitch e negociar acordos;
- Gestão de pessoas e projetos;
- Aspectos jurídicos, regulatórios e financeiros da gestão empresarial.

Há uma ampla oferta de conteúdo de qualidade disponível – gratuito e pago – em livros, cursos e palestras online. Reunir esse material em uma base de conhecimento e estruturar bem os processos de integração e capacitação é um passo importante.

17.4. GESTÃO DOS EIR-S

Cabe à liderança do estúdio a responsabilidade geral pela gestão dos EIRs. Isso envolve:

- Garantir que cada EIR tenha responsabilidade pelas ideias e pelas startups que lhe foram atribuídas (com base em acordo mútuo);
- Assegurar que sigam os processos definidos;
- Estimular a colaboração e o respeito às demais iniciativas em andamento;
- Promover o compartilhamento de conhecimento com os outros EIRs do estúdio.

Tudo isso requer cultura organizacional sólida e disciplina desde o início. Aqui vão algumas práticas que funcionam bem:

- Realizar reuniões individuais periódicas para acompanhar o progresso e oferecer apoio;
- Monitorar se os EIRs estão sobrecarregados ou desmotivados;
- Acompanhar os EIRs nas reuniões de captação de recursos quando a startup estiver pronta para buscar investimento;
- Criar mecanismos para troca constante de experiências entre os EIRs.

17.5. REMUNERAÇÃO

Um dos pontos mais delicados para os estúdios é como lidar com a remuneração. Um salário competitivo quase sempre entra na equação. Afinal, como líder do estúdio, você terá uma influência considerável sobre quais startups serão de fato desenvolvidas – o que faz com que os cofundadores ou as empresas do portfólio estejam numa posição híbrida: são, ao mesmo tempo, empreendedores e colaboradores.

Segundo os relatos analisados, a participação acionária dos estúdios costuma variar entre 30% e 80%, com uma média em torno de 50%. À primeira vista, esse número pode parecer alto, mas vale lembrar que, em muitos casos, é o estúdio que fornece a ideia original, a estrutura, o time e o capital inicial. Cabe aos empreendedores, então, montar o quebra-cabeça com as peças já disponíveis. É por isso que a maior fatia do patrimônio fica com o estúdio.

Um ponto importante a se considerar é a origem da ideia: ela surgiu internamente ou veio de fora? Quando o estúdio se associa a uma startup externa, ele costuma atuar como um tipo de cofundador institucional – envolvido até o pescoço no trabalho, mas recebendo participação proporcional a esse esforço. Nesses casos, a participação do estúdio tende a ser minoritária. Mais adiante, à medida que a empresa avança em novas rodadas de investimento, é comum que o cap table seja renegociado entre investidores, o estúdio e a própria equipe fundadora, buscando um novo equilíbrio.

A questão do controle também exige atenção. De modo geral, os estúdios costumam ter mais voz nas decisões iniciais – especialmente na escolha do que será ou não construído. No entanto, há casos em que os cofundadores assumem de fato a liderança do negócio. Depois que a startup é oficialmente lançada e a equipe está formada, ela passa a operar com autonomia, ainda que possa continuar recorrendo ao apoio e à expertise do estúdio sempre que necessário.

Com o amadurecimento da empresa – seja ao alcançar rodadas como Série A ou B, seja no momento da saída – a participação do estúdio tende a se diluir, aproximando-se da de um investidor anjo. Essa diluição vai depender de diversos fatores, como o nível de envolvimento contínuo do estúdio no negócio, a entrada de novos investidores, as condições de mercado e a própria trajetória da startup.

18. COMO AS EQUIPES DE ESTÚDIO DE STARTUPS SÃO ORGANIZADAS?

Montar a equipe principal de um estúdio de startups é ainda mais desafiador do que formar o time inicial de uma startup tradicional. No segundo caso, a equipe vai se dedicar a um único produto, a um único negócio. Já num estúdio, as pessoas trabalham em várias startups ao mesmo tempo. As fronteiras entre essas iniciativas muitas vezes se confundem. Isso traz dilemas de priorização e limitações de recursos. Uma equipe central bem estruturada consegue enfrentar tanto os obstáculos técnicos quanto os culturais e gerar empreendimentos com potencial de crescimento.

Para isso, é preciso reunir pessoas com competências diversas e complementares, capazes de cobrir todas as áreas envolvidas na criação de uma empresa. Idealmente, o estúdio deve oferecer tudo o que uma startup precisa: desenvolvimento, design, marketing, vendas, jurídico, administração, entre outros. No início, esse escopo pode ser limitado pela capacidade de sustentar a equipe na folha de pagamento. Mas há uma vantagem clara em relação a uma startup comum: a equipe principal do estúdio consegue diluir os custos por startup, tornando o processo mais eficiente.

Depois de montar seu time, vem a tarefa de organizá-lo. Em um dos extremos estão estúdios como o Betaworks, que estruturam equipes dedicadas para cada startup. No meio do caminho, há modelos como o da Quasar Ventures, que centralizam algumas funções (como pesquisa de mercado e design de produto) e mantêm candidatos a CEO e CTO em espera. Já o Drukka opera com uma equipe quase totalmente centralizada: nos primeiros estágios, apenas o CEO atua de forma exclusiva na nova startup.

18.1. MATRIZ DE HABILIDADES

Com a visão e estratégia definidas – incluindo área de atuação e perfil das startups do estúdio – chega o momento de mapear todas as competências necessárias. Entre as principais, estão:

- Metodologias de geração de ideias e validação de produtos (como Design Thinking, Lean Startup, landing pages, Business Model Canvas etc.);
- Pesquisa de mercado, incluindo técnicas online e offline, mapeamento de perfis de clientes etc.;
- Marketing e vendas, ajustados ao mercado e ao público-alvo;
- Gestão de produto e projetos;
- Design (UX, UI, gráfico);
- Engenharia de produto;
- Gestão de pessoas;
- Finanças;
- Jurídico;
- Recursos Humanos;
- e outras funções que possam ser necessárias.

No plano individual, cada membro da equipe precisa ter boa capacidade de trabalho coletivo e uma orientação clara para projetos, já que deverá alternar o foco entre várias iniciativas.

18.2. ALOCAÇÃO DE RECURSOS

O próximo desafio está na alocação dos recursos humanos em cada experimento de startup. Aqui, a dificuldade é mais psicológica do que técnica. Dependendo da estrutura do estúdio, pode haver um CEO exclusivo para a nova startup e uma equipe central dividida entre diferentes projetos. Em outros casos, o estúdio opera com um núcleo enxuto, responsável por tarefas como pesquisa de mercado e contato com investidores, enquanto nomeia um CEO e um CTO dedicados para cada nova empresa.

Nos estúdios em fase inicial, o primeiro obstáculo é se habituar à ideia de desenvolver várias startups simultaneamente. Algumas não vão prosperar – e a equipe precisa aprender a deixar essas ideias para trás com mais facilidade do que numa startup convencional. Quando uma iniciativa dá certo, algumas pessoas seguem com ela, integrando o time da startup, enquanto outras permanecem no estúdio para tocar novos projetos.

Existem estúdios em que as startups contam apenas com um CEO (e, às vezes, um CTO) em dedicação exclusiva, sendo todo o restante do trabalho realizado por equipes centrais e compartilhadas. Em outros casos, são formadas equipes dedicadas, compostas por empreendedores e desenvolvedores previamente selecionados, já preparados para entrar em ação.

É importante que a liderança do estúdio estabeleça regras claras para esse processo. Além disso, sempre que possível, vale considerar as preferências individuais da equipe na hora das alocações. Algumas tarefas mais operacionais podem ser terceirizadas, se isso for mais eficiente. Por exemplo, você não vai querer que o designer sênior do estúdio passe o dia criando landing pages improvisadas para testes rápidos de validação. Esse tipo de tarefa pode ser delegado a profissionais mais juniores ou freelancers, enquanto o sênior foca em conceitos mais estratégicos e entregas de maior valor.

18.3. GERENCIAMENTO DE TEMPO E OUTRAS FERRAMENTAS BÁSICAS

Como a maior parte da equipe – incluindo áreas como design, desenvolvimento, marketing e back-office – atua em múltiplas startups, é essencial monitorar como o tempo está sendo usado. Uma ferramenta simples de controle de horas já é suficiente, desde que usada de forma consistente. A transparência nesse ponto faz toda a diferença.

No que diz respeito às ferramentas operacionais, o ideal é adotar o que já funciona bem no mercado: Slack, Dropbox, GSuite, Jira etc. Nada muito específico para estúdios – aqui, o básico bem aplicado resolve.

18.4. A CONFIANÇA É O QUE SUSTENTA TUDO

Como montar uma equipe de estúdio disposta e capaz de criar vários negócios de sucesso? E, por sucesso, entende-se:

- um produto funcional;
- com usuários ativos, dispostos a pagar por ele;
- e um modelo de crescimento sustentável e lucrativo.

Para alcançar esse nível de operação, é preciso cultivar uma cultura organizacional que:

- incentive o sentimento de pertencimento por parte da equipe e dos líderes das startups – além do salário e da participação societária;
- estimule a experimentação, permitindo abandonar rapidamente iniciativas que não deram certo sem grandes perdas;
- e ofereça às startups condições para se tornarem independentes do estúdio ao longo do tempo.

A confiança é a base dessa cultura. Como líder, você pode ser uma pessoa experiente, com anos de estrada e um histórico comprovado de construção de negócios. É natural que você consiga fazer muitas coisas melhor do que os CEOs – muitas vezes jovens – que estão à frente das startups. A tentação de interferir em tudo é grande. Mas isso se chama microgestão. E microgerenciar não só consome um tempo precioso – que deveria estar sendo investido em estratégia, captação de recursos e gestão do time central –, como também enfraquece o senso de responsabilidade de quem está no front.

Se a meta é criar dezenas de startups, você precisa aprender a dar autonomia para a equipe. É preciso confiar.

18.5. REMUNERAÇÃO

A base da remuneração da equipe do estúdio é o salário. E se você quer atrair e reter pessoas motivadas, dispostas a construir novos negócios com energia e criatividade, é importante pagar bem. Como nem sempre será possível competir com os maiores salários do mercado ou oferecer um escritório luxuoso, vale investir na construção de uma marca empregadora forte. Isso vai fazer diferença na hora de expandir sua equipe.

Outra possibilidade é criar um "pool" de ações compartilhado entre todas as startups do portfólio. Assim, mesmo quem não estiver diretamente envolvido em determinada empresa terá interesse no sucesso dela. Até o momento, não encontrei um estúdio que tenha adotado esse modelo na prática – mas pretendo explorar esse tema mais adiante.

No geral, a remuneração da equipe do estúdio se assemelha à de profissionais que atuam em agências, dividindo o tempo entre vários projetos. A diferença é que, nesse caso, eles estão criando empresas do zero – o que é muito mais empolgante e recompensador. Afinal, o resultado do trabalho não é só um projeto entregue, mas negócios que ganham vida e prosperam.

19. UMA PRÉVIA SOBRE MODELAGEM FINANCEIRA

Este é um pequeno guia sobre como estimar e modelar os custos, receitas, avaliações e retornos de um estúdio. Vai ser breve, porque, para fazer isso funcionar, você já precisa ter algumas suposições definidas sobre o mercado, o foco do estúdio, o perfil da "startup típica" que será criada, as competências necessárias e os salários correspondentes à sua região. E breve também porque esse tipo de modelagem funciona melhor quando se começa num quadro branco – para rascunhar a estrutura e o funil do estúdio – e só depois se parte para a planilha, onde os números começam a ganhar forma.

Antes de começar, é importante já ter tomado ao menos uma decisão provisória sobre o modelo financeiro entre o estúdio e as startups. Como os custos serão rastreados? Como os recursos serão cobrados? Vou compartilhar modelos de planilhas no site *startupstudio.vc* na primavera de 2019, que podem ajudar a criar uma calculadora adaptada às suas necessidades.

Enquanto isso, recomendo criar guias de planilha separadas para estimar o fluxo de caixa de uma única startup. A partir disso, você pode usar os números gerais para criar outra aba dedicada à modelagem do funil do estúdio. Na estimativa do fluxo de caixa de uma startup individual, leve em conta:

- Horas e demais recursos necessários para a geração de ideias;

- Horas e demais recursos para validação de ideias;
- Horas e demais recursos para a fase inicial de construção.

Isso inclui os custos da equipe principal e da liderança, infraestrutura, despesas com publicidade, entre outros.

Para estimar o fluxo de caixa do funil completo do estúdio, considere:

- Número de novas ideias que entram no pipeline;
- Taxa estimada de transição de ideias novas para ideias validadas;
- Custo estimado da construção inicial (ou da próxima fase definida);
- Taxa estimada de transição de ideias validadas para produtos inicialmente construídos;
- Decisão sobre o próximo passo: o estúdio e à startup buscarão uma rodada seed? Ou o estúdio continuará bancando o financiamento inicial?
- Taxa esperada de avanço das startups iniciais até o estágio de captação de recursos externos.

Para montar uma planilha que ajude a estimar o valor global do portfólio e as projeções nas tabelas de captação, você pode usar as taxas de avanço e sucesso mencionadas acima. Mas, em vez de olhar para o fluxo de caixa, o foco será nas tabelas de participação, nas avaliações e nos valores típicos de cada rodada de investimento – considerando também o tamanho do plano de opções de ações.

Com tudo isso, o objetivo é entender quanto capital será necessário, mês a mês, para manter sua equipe principal ativa e continuar criando empreendimentos até que surja o primeiro grande retorno. Isso pode levar anos.

Se o estúdio realiza projetos como agência e já tem uma receita estável, ou se o fundador injeta capital próprio, talvez não haja uma pressão imediata para buscar investimentos externos. Isso pode ajudar a ganhar tração antes de ir ao mercado em busca de investidores.

Outra estratégia possível é criar startups até o ponto em que elas estejam prontas para captar recursos e, a partir daí, cobrar pelas horas e recursos utilizados. Para que isso funcione, o estúdio precisa operar com transparência diante das startups e dos investidores, e deve oferecer condições suficientemente atrativas para que:

1. As startups tenham um incentivo econômico para usar os recursos do estúdio. Em muitos casos, é mais vantajoso contar com o apoio sob demanda do estúdio do que contratar alguém em tempo integral.
2. Os investidores sintam segurança de que o estúdio não está onerando demais as startups – com o dinheiro deles.

Quando você souber quanto capital externo será necessário para iniciar (ou expandir), estará pronto para montar uma proposta convincente aos investidores.

20. CAPTAÇÃO DE RECURSOS E RELAÇÕES COM INVESTIDORES

Estúdios de startups são venture builders muito eficientes – e, quando bem organizados, tornam-se extremamente eficientes. Com uma equipe central robusta, é possível perceber economias de escala reais tanto na criação de produtos quanto no desenvolvimento de empresas. O grande desafio? Conseguir manter essa equipe na folha de pagamento. E o maior ainda: levantar o capital inicial necessário. Vamos explorar as formas de reunir os recursos para tirar tudo isso do papel.

Capital próprio do fundador: como vimos antes, muitos estúdios bem-sucedidos foram criados por empreendedores institucionais ou fundadores que já acumularam uma boa reserva financeira. Se esse for o seu caso – se você tiver passado por uma saída expressiva, por exemplo –, pode usar esses recursos para financiar o estúdio nos primeiros anos até atingir a autossustentação. Se você tiver condições de bancar a criação das suas 5 a 10 primeiras startups, basta definir bem sua visão e estratégia (com base nos capítulos anteriores) e começar a construir.

Investimento direto de VCs: alguns estúdios conseguem captar recursos diretamente de fundos de venture capital, graças à reputação e às conexões dos fundadores. Esses aportes financiam tanto as operações do estúdio quanto suas novas iniciativas. Aqui, o fator determinante é a credibilidade – tanto da equipe fundadora quanto do próprio estúdio. Já é difícil convencer um VC a investir num estúdio; mais difícil ainda quando se trata de um estúdio recém-criado, sem histórico.

Financiamento corporativo: cada vez mais empresas grandes estão de olho no modelo de estúdio. Nesse caso, a própria corporação aporta recursos em um estúdio de startups com o objetivo de criar negócios alinhados à sua estratégia de longo prazo. Vamos nos aprofundar nessa possibilidade no próximo capítulo.

Family offices, investidores-anjo e investidores privados: é cada vez mais comum que investidores busquem formas de aplicar diretamente em um estúdio como holding – em vez de investir separadamente nas startups que ele cria. Isso pode ser bastante atrativo: permite acesso a um portfólio diversificado de startups, com um capital mais bem alocado do que em um investimento anjo tradicional, e com menor risco no conjunto, graças ao modelo do estúdio. Mesmo assim, esse tipo de investimento ainda é uma novidade no mercado. Se quiser se aprofundar, recomendo a leitura da carta aberta de Thibaud Elziere aos investidores da eFounders, onde ele também fala sobre o eClub.

Fundo do estúdio: como mencionei no capítulo "Esticando nossos limites", criamos um fundo pré-seed para financiar a criação de novas startups em parceria com o estúdio principal. Tive boas experiências com essa abordagem – ela traz clareza tanto para o estúdio quanto para os investidores em relação à estrutura de custos.

Bootstrapping e prestação de serviços: é possível transformar uma agência (de software, marketing etc.) em um estúdio. Ou ainda: montar uma equipe de estúdio e utilizar parte de seus recursos para atender clientes, gerando fluxo de caixa enquanto as startups internas são desenvolvidas. O desafio aqui é saber equilibrar prioridades de curto e longo prazo. Nem sempre é fácil abrir mão de contratos bem pagos para apostar numa startup promissora. Por isso, esse modelo exige uma liderança firme e o comprometimento da equipe.

Independentemente da estratégia adotada, será necessário preparar os futuros investidores – apresentando claramente o modelo do estúdio e demonstrando por que vale a pena investir nele.

20.1. MOLDANDO A MENTALIDADE DOS INVESTIDORES

Uma boa forma de construir uma relação sólida com investidores é apresentar o estúdio como o centro da operação. Explique o conceito, mostre o portfólio atual, os primeiros resultados, a tração. Leva tempo para conquistar confiança, mas, depois que o primeiro cheque entra para uma das startups, os próximos costumam vir com mais facilidade. Para aumentar suas chances, ofereça oportunidades bem estruturadas e mostre que suas startups cumprem o que prometem.

Se o estúdio tiver participação majoritária nas startups, é natural que surjam dúvidas quanto à motivação das equipes. Investidores podem questionar se os times estão suficientemente incentivados. O ideal é que eles possam conversar com a equipe e com os(as) CEOs para entender como o estúdio trabalha e sentir que estão lidando com pessoas engajadas. Em alguns casos, pode ser melhor apresentar o(a) CEO separadamente a alguns investidores – especialmente se a startup já tiver uma estrutura própria, com equipe e fluxo de caixa.

Você aumenta muito suas chances de sucesso nessas conversas se souber explicar os prós e contras do modelo de estúdio com clareza. Muita gente me contou que, depois de ler o *Startup Studio Playbook*, conseguiu conduzir essas negociações com muito mais segurança. Talvez valha a pena você ler ou até enviar esse material a alguns investidores antes das reuniões. Isso pode facilitar bastante o caminho até o aporte.

Alguns investidores podem hesitar no começo. Podem enxergar o estúdio como concorrente de uma aceleradora, por exemplo. O ponto central aqui é explicar que o estúdio **é** um dos fundadores da startup. E uma das maiores vantagens de firmar parcerias com um estúdio é justamente essa: **confiança**. Uma vez estabelecida essa relação, tudo tende a fluir mais rapidamente – segundo, terceiro, quarto investimento...

Outros pontos que costumam pesar a favor do estúdio para quem investe:

- Acesso a uma variedade de novas oportunidades de investimento;
- Possibilidade de ter direitos preferenciais em futuras rodadas;
- Participação direta na criação das startups (para investidores que gostam de se envolver);
- Redução drástica do risco ligado à equipe;
- Retornos mais altos e participação mais expressiva no patrimônio.

Mas, claro, também existem obstáculos:

- **Motivação da equipe fundadora**: é importante garantir que sócios e líderes das startups mantenham o engajamento nas fases seguintes. Mesmo que o estúdio fique com uma fatia maior do capital no início, é possível ajustar a cap table mais adiante, para que ela fique parecida com a de startups criadas fora desse modelo.
- **Dependência do estúdio**: você vai precisar definir um processo claro de transição para garantir que, quando uma startup sair do "ninho", ela tenha condições reais de operar de forma independente.

20.2. DECK PARA CAPTAÇÃO DE INVESTIMENTOS

Depois de definir sua visão, estratégia, tese de investimento, estrutura do funil, modelo financeiro e abordagem de captação, é hora de transformar isso tudo em um bom pitch. A seguir, uma lista do que vale a pena incluir. A ordem vai depender da sua narrativa:

- Resumo executivo;
- Resumo financeiro;
- Visão geral do estúdio e da tese de investimento;
- Área de atuação: tamanho de mercado, tendências, expectativas;
- O diferencial do estúdio – aquilo que ninguém mais tem;
- O funil do estúdio: etapas, prazos, metas;
- Processo de spin-off e projeções de crescimento e valuation das startups;
- Principais nomes da equipe e suas competências;
- Estratégia para atrair empreendedores e recrutar CEOs;
- Portfólio inicial de ideias ou startups já em desenvolvimento;
- Rede de conselheiros(as) e especialistas;
- Detalhes da captação: valor buscado, retorno esperado, principais benefícios;
- Roteiro geral (roadmap).

Como material complementar (slides de apoio), você pode incluir:

- Uma introdução geral ao modelo de estúdio;
- Tendências do setor e pontos de destaque;
- Benchmarks de outros estúdios relevantes.

A verdade é que vai levar um tempo até romper a barreira inicial e conquistar o primeiro investimento. Mas, depois disso, você terá o combustível necessário para construir uma leva inteira de novas empresas. E aí, sim, começa a parte mais empolgante...

21. VENTURE BUILDERS CORPORATIVAS

Empresas médias e grandes, no mundo todo, estão tentando turbinar suas estratégias de inovação. Se você fosse líder de uma dessas empresas, como agiria? O que faria para atrair e manter os melhores talentos? E como criaria novos produtos e modelos de negócios que mantivessem sua empresa na frente da concorrência?

Cada vez mais vemos estúdios de startups sendo financiados por grandes corporações. Essa abordagem busca criar verdadeiras oficinas de inovação, capazes de gerar rapidamente produtos inovadores e acelerar o ritmo da empresa. É como se estivéssemos assistindo ao nascimento da "Startup como Serviço" ou do "Venture Building como Serviço". E, assim como o modelo SaaS revolucionou a tecnologia, essa nova lógica pode transformar a forma como as empresas inovam. Eis o porquê:

Muitas corporações enfrentam dificuldades para manter seus produtos, serviços e modelos de negócio atualizados – enquanto startups ágeis estão conquistando o mercado. Profissionais jovens, com domínio da tecnologia, montam protótipos em hackathons e estão cada vez mais deixando empregos tradicionais para apostar em ideias ousadas e de alto potencial. Há uma mudança profunda nas culturas e estruturas de trabalho: ela afeta desde os processos decisórios até a forma como a rotina nos escritórios é organizada. Em resumo: o ambiente de trabalho está se tornando mais descentralizado e flexível – mais parecido com o de uma startup.

Então, a solução seria transformar grandes empresas em startups? Já vimos exemplos de empresas que se reestruturaram completamente para dar mais espaço à inovação. Muitas estão adquirindo, investindo ou incubando startups com mais frequência do que nunca. E, diante dos desafios, estão dispostas a testar diversas abordagens para avançar nesse jogo da inovação.

21.1. UM DISCO ARRANHADO

A maior parte das grandes empresas simplesmente não consegue acompanhar o ritmo das startups quando se trata de inovar com velocidade e eficiência. Muitas tentam adotar métodos usados por startups, e até conseguem certo progresso. Mas, na maioria das vezes, o problema não está nas metodologias – e sim no ambiente em que elas são aplicadas. É o contexto corporativo que não favorece o florescimento de ideias transformadoras.

As estruturas tradicionais e as estratégias de inovação adotadas pelas corporações não estão prontas para acompanhar o ritmo acelerado ditado pelas startups. Em vários mercados, é fácil identificar empresas pequenas, ágeis e novas que estão superando gigantes lentas e burocráticas. Basta olhar o que tem acontecido no setor de fintechs, na Internet das Coisas, ou nas discussões sobre Indústria 4.0: o cenário deixa claro que empresas estabelecidas estão sendo desafiadas por startups em constante evolução.

Dentro de uma organização com estrutura corporativa clássica, é muito difícil inovar com agilidade. Um dos motivos é que grandes empresas, por natureza, não são boas em se adaptar a mudanças. Elas foram desenhadas para operar de forma eficiente, com foco em processos bem definidos e na satisfação de metas trimestrais. Tudo isso vem acompanhado de políticas internas, normas e controles que inibem o tipo de liberdade necessário para inovar de verdade.

Se você quer criar algo novo, de forma ágil e disruptiva, precisa de um ambiente que favoreça a flexibilidade, o teste constante e o espaço para errar. Startups conseguem isso com facilidade. Já dentro de uma corporação, essa liberdade é bem mais difícil de conquistar.

Enquanto uma startup nasce para questionar o status quo, encontrar maneiras melhores de fazer as coisas e testar sem medo, uma empresa tradicional é construída para operar com estabilidade. A mesma eficiência que garante bons resultados pode se tornar um obstáculo quando chega a hora de experimentar algo novo. Startups vivem sob o lema "erre rápido, conserte rápido". Já dentro de uma empresa, um projeto que dá errado pode manchar a reputação de quem o liderou – e, em certos casos, até comprometer sua carreira. Nesse ambiente, tomar riscos pode ser visto como uma ameaça, não como parte do processo.

Isso gera um tipo específico de tensão dentro da organização, principalmente entre pessoas criativas, que sentem que não conseguem usar todo o seu potencial porque a cultura da empresa simplesmente não permite. Isso é ainda mais evidente na camada de gerência intermediária, onde muitos profissionais passaram anos, até décadas, subindo degrau por degrau. Quando finalmente chegam a posições de liderança, se veem presos entre as pressões da alta direção e as demandas da base. E, como têm muito a perder, evitam qualquer passo fora da linha – como liderar um projeto novo que talvez não dê certo. Esse medo acaba minando justamente a mentalidade que permitiria inovar.

Há um enorme potencial nessas pessoas e em suas equipes. Mas, para ativar esse potencial, é preciso garantir que haja segurança para experimentar. Se elas tiverem espaço para isso, vão conseguir entregar resultados impressionantes.

21.2. PROCURANDO UMA SAÍDA

Uma das soluções adotadas é simplesmente "devorar peixes pequenos". E muitos deles. Há várias empresas com um apetite insaciável por startups ágeis e promissoras – e elas estão dispostas a abrir os cofres para saciar essa fome. Isso pode até funcionar no curto prazo. O problema é quando se olha para a taxa de sucesso dessas aquisições no longo prazo. Cada vez mais se percebe que muitas corporações não conseguem integrar de forma eficiente as startups que compram. O resultado? Grande parte do dinheiro investido nessas aquisições acaba sendo desperdiçado.

Algumas empresas tentam contornar esses impasses internos criando os chamados Centros de Inovação Corporativa. A ideia é montar uma divisão dedicada exclusivamente à inovação, geralmente instalada em um prédio separado, onde os funcionários podem trabalhar em novos projetos com mais liberdade. Se você passar por polos de inovação global, como a Bay Area, vai encontrar muitos desses centros espalhados.

Eles também funcionam como ponte com startups e universidades locais, o que permite à corporação identificar talentos, acompanhar tendências tecnológicas e observar potenciais concorrentes de perto. Além disso, esses centros ajudam a reforçar a imagem da empresa, funcionando como símbolos de presença no ecossistema de inovação.

Tudo isso parece promissor – e de fato tem seu valor. Mas, na prática, nem sempre resolve o verdadeiro problema. Mesmo nesses centros, os funcionários ainda estão sujeitos à cultura corporativa, às regras da empresa, aos mesmos processos burocráticos. Criar uma unidade nova e colocá-la em outro prédio não transforma automaticamente os colaboradores em profissionais com atitude empreendedora e mentalidade inovadora.

Outra alternativa é recorrer ao capital de risco corporativo, ou seja, investir diretamente em startups. O sucesso dessa estratégia depende da forma como o fundo está estruturado e do quanto as startups investidas estão prontas para uma eventual aquisição. A grande questão é: o fundo precisa gerar retorno como um VC tradicional? Esse é o objetivo principal?

A Cisco, por exemplo, destacou-se ao identificar áreas estratégicas de inovação, financiá-las, trazer talentos, fazer spin-offs e aquisições. Mas esse modelo só funciona se houver sinergia bem planejada entre o braço de investimento e o restante da empresa. O entrave é que a maioria das startups criadas do modo tradicional não são desenhadas para se tornarem aquisições ideais.

Outra abordagem bastante usada é a **inovação aberta**. Nesse modelo, as empresas combinam conhecimentos internos e externos, utilizando ideias vindas de fora e também compartilhando as próprias soluções com o mercado. Parte-se da premissa de que vivemos em um mundo com conhecimento distribuído – e, portanto, nenhuma empresa pode depender exclusivamente de sua área de P&D.

Em vez de agir de forma isolada, a empresa pode adquirir patentes, por exemplo. E se desenvolver algo que esteja fora do seu foco principal, pode transferir para o mercado por meio de spin-offs, parcerias, joint ventures ou licenciamento. O lado positivo é que essa estratégia pode reduzir os custos de P&D e aumentar a capacidade inovadora.

O desafio está em conseguir integrar essas ideias externas de forma eficaz e, ao mesmo tempo, proteger os conhecimentos estratégicos da empresa em meio a tanta complexidade. Além disso, continua existindo o peso da cultura corporativa, que muitas vezes limita tanto a forma de pensar quanto as possibilidades reais de ação dos colaboradores.

21.3. O MODELO DE HOLLYWOOD PODE SER A SAÍDA

Estamos começando a enxergar como o modelo central deste livro – o estúdio de startups – pode oferecer uma resposta a muitos dos problemas apresentados até aqui. Já vimos vários exemplos de como é possível estruturar organizações que gerem startups de forma contínua e sustentável.

Para mim, isso se parece muito com o modo como os estúdios de cinema em Hollywood produzem diversos filmes ao mesmo tempo, reunindo recursos internos e externos ao longo do processo. No sistema dos estúdios de Hollywood, a produção e a distribuição dos filmes são controladas por grandes estúdios que trabalham em seus próprios complexos, com equipes criativas contratadas muitas vezes por longos períodos. Esse modelo – marcado por uma forte integração vertical – garante que os estúdios mantenham o controle sobre toda a cadeia, da criação à distribuição. Algo semelhante pode funcionar também para grandes empresas: criar seu próprio estúdio de startups como uma unidade separada, aproveitando o capital e o controle que já possuem.

Peter Drucker já havia falado disso em 1985, no livro *Inovação e Empreendedorismo*, em que dedicou um capítulo a grandes empresas como Procter & Gamble, 3M e Johnson & Johnson, que adotavam exatamente esse modelo. Sempre que essas empresas lançavam uma nova linha de produtos, faziam isso por meio de uma nova empresa. Nomeavam um gerente de projeto responsável por toda a operação – da pesquisa às vendas. Esse modelo não é novidade no mundo corporativo, apenas não se espalhou amplamente até agora. Mas, com o número crescente de estúdios de startups ao redor do mundo, está cada vez mais fácil imaginar como essa abordagem pode ajudar grandes corporações a inovar com mais eficácia.

Imagine que você está à frente de uma grande empresa, com boa participação de mercado, presença consolidada, experiência e recursos financeiros à disposição. Agora você decide criar uma nova entidade: um estúdio de startups. Convida alguns de seus funcionários – aqueles mais inquietos, criativos, que não se adaptam bem aos limites da empresa tradicional – para se juntar a essa nova estrutura. E também atrai empreendedores de fora. Tudo isso sem submetê-los às mesmas restrições que costumam sufocar a inovação dentro da empresa-mãe.

Nesse ambiente, eles são livres para explorar dezenas ou até centenas de ideias e criar novas startups. Podem estabelecer sua própria cultura – com a possibilidade de uma futura aquisição pela empresa-mãe em mente – e trabalhar com autonomia. Com o tempo, algumas dessas startups darão certo. E, nesse momento, a corporação poderá integrá-las facilmente à sua estrutura principal.

Outro motivo para manter esse estúdio como uma unidade separada é lidar com questões regulatórias. Caso um experimento dê errado, isso não compromete a imagem da empresa. Assim, ela protege sua reputação.

Faz bastante sentido que grandes corporações criem e invistam em seus próprios estúdios. Elas já têm o dinheiro, o conhecimento do setor e as conexões necessárias para apoiar novas empresas. E o valor investido na construção de um estúdio de startups pode ser muito menor do que o custo da inovação interna – que, muitas vezes, é lenta e burocrática.

Foi exatamente isso que a AXA buscou quando, em 2015, anunciou a criação de seu próprio estúdio de startups na França, com um investimento de 100 milhões de euros. Batizada de Kamet Ventures, essa nova estrutura passou a funcionar de forma independente da empresa-mãe. A equipe era composta por uma mistura de funcionários da AXA, empreendedores, fintechs e especialistas em seguros. A ideia era simples: construir muitas startups e, entre elas, selecionar aquelas que fizessem sentido para a controladora, que então as incorporaria.

No início de 2016, a Jaguar Land Rover também seguiu o mesmo caminho e lançou a InMotion – um construtor de empresas dedicado a criar aplicativos e serviços voltados à mobilidade. O novo estúdio opera como uma empresa dentro da empresa, com autonomia para criar e lançar startups.

Na prática, trata-se de uma forma de terceirizar a inovação. Quando uma ideia se comprova, com uma startup funcionando de fato e os principais riscos já resolvidos, a corporação pode adquirir essa empresa. Isso mantém a marca principal protegida. Mesmo que algo dê errado, como a startup está separada por alguns graus da empresa-mãe, é fácil encerrar as operações sem grandes consequências. Por outro lado, o estúdio pode funcionar como uma plataforma de *venture building*, criando startups que já nascem alinhadas para uma futura aquisição, com compatibilidade cultural, tecnológica e de modelo de negócios.

E se a empresa não tem uma cultura empreendedora forte nem sabe exatamente como implementar esse processo, pode se associar a um estúdio de startups que já esteja em operação. Nesse tipo de parceria, a corporação fornece o financiamento, a expertise e os contatos do setor, enquanto o estúdio traz todo o conhecimento necessário para construir startups.

Dentro desse modelo de construção terceirizada de startups, a corporação define a direção da inovação, fornece acesso ao mercado, apoio estratégico e recursos financeiros. O estúdio, por sua vez, cuida da geração de ideias, prototipagem, validação e construção das empresas.

Um estúdio temático patrocinado pela corporação pode oferecer às startups a agilidade de que precisam, ao mesmo tempo que mantém a cultura corporativa preservada – e o contrário também é verdade. Afinal, poucas grandes empresas realmente desejam que todos os seus funcionários passem a agir como cofundadores de startups. Para alguns colaboradores, isso até seria libertador. Mas, para a empresa, provavelmente significaria um aumento no índice de rotatividade – algo que a maioria dos gestores prefere evitar.

21.4. RECEITA COMPLEXA

É claro que o sucesso cobra seu preço – especialmente no começo. Lançar um estúdio de startups e alcançar uma escala ideal de operação exige muito dos fundadores: recursos, capital, definição de processos, métricas e uma equipe sólida. Nesse contexto, o planejamento faz toda a diferença. A estrutura de estúdio apresentada nos capítulos anteriores é um ótimo ponto de partida.

É preciso formar uma equipe fundadora que tenha vínculos com a empresa-mãe, mas que também consiga atuar com autonomia, estabelecendo suas próprias regras e cultura. Além disso, é fundamental reunir todas as competências necessárias para construir startups dentro do setor escolhido.

A estrutura organizacional deve permitir liberdade nas fases iniciais de exploração e, ao mesmo tempo, garantir que as startups criadas possam ser integradas facilmente à empresa-mãe no futuro.

Um ponto delicado é a remuneração e a tolerância ao fracasso. Para manter os talentos no estúdio, é necessário oferecer uma boa compensação. A participação acionária pode ser uma alternativa, mas, como o objetivo é gerar startups que possam ser adquiridas, faz sentido manter uma fatia relevante das ações com o próprio estúdio, assegurando um retorno adequado sobre o investimento. Além disso, o sistema de remuneração precisa considerar a possibilidade de falhas. Abandonar ideias que não funcionaram ou, pelo menos, não penalizá-las, é essencial. Isso ajuda a criar um ambiente seguro para que mesmo os menos inclinados ao empreendedorismo se sintam motivados a testar novas ideias.

21.5. UM EXEMPLO PROMISSOR DO MÉXICO

No México, o número de pequenas e médias empresas não para de crescer, assim como a classe média. Esse cenário, embora animador, também traz uma série de obstáculos. Muitas empresas de médio porte acabam não sobrevivendo por muito tempo. Falta eficiência operacional, a conexão com a internet ainda é instável em muitas regiões, e uma parte significativa da população continua sem acesso fácil a serviços financeiros.

Esses problemas, por outro lado, abrem espaço para oportunidades únicas de negócio. Foi com esse olhar que dois empreendedores mexicanos decidiram arregaçar as mangas e enfrentar os principais entraves que afetam tanto as PMEs quanto a classe média. Assim nasceu a InnoHub. À frente da iniciativa estão Jose Luis de Alba – fundador e presidente da ContPaQi, a principal fornecedora de software para PMEs no país – e Raimundo Burguera, que tem mais de 12 anos de experiência na criação de produtos e negócios no setor de tecnologia, com uma paixão declarada pelo modelo venture builder.

A ambição deles é clara: melhorar a qualidade de vida das pessoas, gerar empregos e criar o estúdio de startups mais bem-sucedido da América Latina (com exceção do Brasil), atuando nos setores de tecnologia financeira, empresarial e logística. A meta é lançar de uma a duas startups por ano. Se o plano sair como esperado, em cinco anos ou mais, pretendem ter vendido pelo menos duas empresas do portfólio e expandir as operações para a Colômbia e os Estados Unidos.

O plano inicial envolvia parcerias com empresas locais, atuando como uma plataforma para ajudá-las a inovar, criar novos negócios e testar modelos diferenciados. Esses investidores corporativos dariam acesso direto a mais de um milhão de PMEs no México – o que se tornou o "molho secreto" da InnoHub: um acesso exclusivo e valioso ao mercado. Esses parceiros não apenas contribuem na formulação e execução de estratégias de entrada, como também aceleram a validação dos produtos com clientes reais. Mais do que isso, são essenciais na seleção e triagem dos projetos com maior potencial. Com isso, a InnoHub pode focar nas dores que realmente existem e que os próprios parceiros estão dispostos a pagar para resolver.

Logo de início, os fundadores perceberam que, num ecossistema ainda em desenvolvimento como o do México, é muito difícil encontrar talentos preparados – e, principalmente, com a mentalidade de startup. Um dos grandes entraves era a aversão ao fracasso, profundamente enraizada na cultura local. Nesse cenário, um modelo tradicional de aceleradora não faria sentido. A solução? Construir startups internamente, aproveitando o acesso ao mercado trazido pelos investidores e a experiência comercial dos próprios parceiros.

Nesse modelo, a InnoHub assume a criação das startups desde o início. Monta uma equipe de gestão, fornece todos os recursos necessários – desde equipamentos até designers, desenvolvedores e profissionais que ajudam a transformar ideias em produtos concretos. E ainda conecta essas novas empresas à sua rede de investidores e parceiros.

O objetivo é garantir que as pessoas à frente dessas startups aprendam rápido como tocar um negócio e desenvolvam a mentalidade empreendedora adequada. Uma vez que alguém entra para o time, passa a contar com uma variedade de treinamentos e apoio contínuo para crescer e se desenvolver. O ambiente é exigente e intenso – quase como um treinamento no trabalho com doses extras de intensidade.

Depois de escolher uma ideia promissora, a InnoHub investe cerca de 150 mil dólares na fase inicial de construção. Nos primeiros seis meses, atua como cofundadora, com forte participação no desenvolvimento do produto, até a formação completa da equipe e o lançamento de um protótipo. Por volta do nono mês, entra uma segunda rodada de investimento, desta vez com a participação de um investidor externo. Mesmo quando as startups ganham autonomia, a InnoHub continua presente: fornece conselheiros, consultores e até infraestrutura, quando necessário.

Para acompanhar o progresso, a equipe de gestão da InnoHub monitora atentamente o crescimento do valor patrimonial das empresas do portfólio, o aumento das vendas de cada startup e a evolução da equipe de liderança como principais métricas de sucesso.

21.6. EXEMPLOS PARA DESPERTAR SUA CURIOSIDADE

A **Exit3x** é uma equipe de desenvolvimento de negócios com sede em Berlim que injeta DNA de startup em programas corporativos de inovação. Sob a liderança de Kevin Dykes, eles se unem a grupos de inovação corporativa e outros estúdios de startups ligadas a grandes empresas para criar novos negócios e explorar mercados em conjunto.

A **Aimforthemoon**, sediada em Amsterdã, é um estúdio de startups que cria joint ventures com empresas desde o zero. Desde 2012, construiu uma ampla comunidade de empreendedores, conectando essas pessoas aos desafios de inovação das empresas.

A **Prehype** é uma rede de empreendedores fundada pelo dinamarquês Henrik Werdelin. Seu foco é apoiar empresas já consolidadas e fundos de investimento em processos de spin-out, incubação e parcerias de risco.

A **Mint Digital** atua no Reino Unido e nos Estados Unidos. Organiza hackathons e utiliza campanhas de financiamento coletivo para testar ideias – tudo com o objetivo de facilitar o desenvolvimento de novos negócios e apoiar a transformação digital de seus clientes corporativos.

A **Rainmaking** é uma empresa voltada à inovação corporativa e ao desenvolvimento de negócios com perfil de risco. É responsável pelo Startupbootcamp – uma aceleradora de escopo geral –, além de criar suas próprias startups e colaborar com grandes corporações e empreendedores ao redor do mundo. Um portfólio impressionante.

21.7. UMA CHANCE PARA AS PEQUENAS CIDADES

Até aqui, discutimos os benefícios do modelo sob a ótica das empresas. Agora, vale observar a oportunidade que os estúdios de startups corporativas representam para o desenvolvimento dos ecossistemas empreendedores.

Como vimos anteriormente, os Centros de Inovação Corporativa têm um papel importante, mas enfrentam uma limitação comum: costumam ser iniciativas de prestígio. Por isso, as empresas tendem a instalá-los em locais estratégicos, geralmente em ecossistemas já bem desenvolvidos.

O estúdio de startups corporativas, por outro lado, pode ter custos bem mais baixos, com escopo mais focado, e pode ser implementado em regiões que, embora importantes para a empresa, não tenham o mesmo apelo simbólico.

Criar um estúdio em uma área de custo mais baixo, mas com talentos qualificados, é uma oportunidade de ganho para todos os lados. A empresa controladora ganha a chance de criar startups inovadoras por uma fração do custo que teria em um grande centro. O ecossistema local se beneficia com a presença de uma referência inspiradora, capaz de gerar negócios que se tornam exemplos regionais. E, para a população, esse estúdio representa novas oportunidades e um caminho mais acessível para aprender como criar uma startup.

21.8. CONCLUSÕES E CAMINHOS POSSÍVEIS

As grandes empresas estão sempre em busca de novas formas de alimentar sua sede por inovação. O modelo de estúdio de startups pode ser uma alternativa eficaz: permite experimentar sem comprometer a marca principal, oferece uma maneira econômica de terceirizar inovação e ainda pode fortalecer ecossistemas que atraiam investimentos corporativos.

Desde a versão original deste capítulo, publicada em 2016, o cenário evoluiu bastante. Cada vez mais organizações com perfil de estúdio vêm surgindo, oferecendo a construção de joint ventures e soluções semelhantes. Mas ainda há um longo caminho pela frente.

É necessário construir uma interface mais eficiente entre o mundo corporativo e o mundo das startups. Isso envolve ter decisores, dentro das empresas, que compreendam como funciona o empreendedorismo e o universo das startups – e, assim, possam tomar decisões mais acertadas sobre quando colaborar, investir ou adquirir uma startup, com ou sem o envolvimento de um estúdio.

Também é preciso contar com empreendedores que compreendam as necessidades dos potenciais compradores de suas startups. Gente disposta e capaz de construir negócios preparados desde o início para serem integrados a estruturas maiores – com a cultura, os processos e as ferramentas adequadas para facilitar essa transição. Estúdios voltados à cocriação de startups podem facilitar esse caminho.

Os incentivos, nesse modelo, são fator decisivo. Quando o estúdio opera com base apenas em receita de prestação de serviços, é fácil cair numa lógica de agência tradicional, distante da mentalidade empreendedora. Por isso, é importante manter um equilíbrio: algum tipo de remuneração fixa que garanta fluxo de caixa e sustente a operação, mas também uma fatia do capital das startups – afinal, o principal incentivo precisa ser o crescimento real e, no futuro, a venda da empresa criada.

É uma área cheia de possibilidades, e espero ver muitas abordagens ousadas e pioneiras surgirem nos próximos anos...

22. LEITURAS ADICIONAIS

Há muito mais a se ler e discutir quando se trata de estúdios e venture builders. Mas um livro não pode se estender demais... Por isso, selecionei cerca de uma centena de artigos sobre diversos estúdios, suas histórias, notícias relevantes, teorias e outros materiais relacionados ao tema. Leia, forme sua própria opinião, experimente trabalhar com estúdios – e compartilhe também o que descobrir.

Techstars Studio and the Studio Model
https://feld.com/archives/2019/01/techstars-studio-and-the-studio-model.html

500 Startups tries its hand at a startup studio, 500 Labs
https://techcrunch.com/2016/06/30/500-startups-tries-its-hand-at-a-startup-studio-500-labs/

The Origin and Evolution of the Startup Studio
https://medium.com/global-startup-studio-network/the-origin-and-evolution-of-the-startup-studio-3e442c35d21

The 300* Startups Studios Taking on the World
https://medium.com/le-studio-vc/the-300-startup-studios-taking-on-the-world-6e3c44b52d20

Um mapa de estúdios:
https://www.infiniventures.com/studiomap

TextMaster (eF11) Acquired by Technicis
https://blog.efounders.co/textmaster-ef11-acquired-by-technicis-f5b94fc11e49

The Innovation Stack: How to make innovation programs deliver more than coffee cups
https://www.linkedin.com/pulse/innovation-stack-how-make-programs-deliver-more-than-coffee-blank/

Iceland Venture Studio debuts $5 million fund to help pioneering tech startups
https://venturebeat.com/2019/01/25/iceland-venture-studio-debuts-5-million-fund-to-help-pioneering-tech-startups/

eFounders Letter #6 – A Software Galaxy
https://blog.efounders.co/efounders-letter-6-a-software-galaxy-525b9db741e8

Station (eF17) Raises $3.25M Seed Round with Accel
https://blog.efounders.co/station-ef17-raises-3-25m-seed-round-with-accel-partners-ac17862845b4

Using the Startup Studio model to structure Corporate Innovation Labs
https://blog.next.amsterdam/using-the-startup-studio-model-to-structure-corporate-innovation-labs-29334f2f8841

The Next Chapter for High Alpha Studio
https://medium.com/high-alpha/the-next-chapter-for-high-alpha-studio-e57f08f9eb75

Are startup studios the ultimate partners for startup entrepreneurs?
https://medium.com/@ekwan_hk/are-startup-studios-the-ultimate-partners-for-startup-entrepreneurs-9b214e6281f6

What I've Been Up To: The Venture Production Studio Model
http://www.novaspivack.com/technology/what-im-up-to-the-venture-production-studio-model

In 2016 Lisbon fired-up its startup engines – 2017 will hear them roar
https://techcrunch.com/2017/02/14/in-2016-lisbon-fired-up-its-startup-engines-2017-will-hear-them-roar/

$1 Billion for Dollar Shave Club: Why Every Company Should Worry
http://www.nytimes.com/2016/07/27/business/dealbook/1-billion-for-dollar-shave-club-why-every-company-should-worry.html

500 Startups tries its hand at a startup studio, 500 Labs
https://techcrunch.com/2016/06/30/500-startups-tries-its-hand-at-a-startup-studio-500-labs/

An Inside Look at Betaworks, The Startup Studio to Rule Them All
https://techcrunch.com/2015/09/07/betaworks/

Anatomy of Startup Studios - Attila Szigeti
https://www.amazon.com/Anatomy-Startup-Studios-successful-builders-ebook/dp/B01BQOE89M/

Are startup studios the ultimate partners for startup entrepreneurs?
https://medium.com/@ekwan_hk/are-startup-studios-the-ultimate-partners-for-startup-entrepreneurs-9b214e6281f6#.zh7lhvfci

Being the perfect 3rd Co-founder: the Startup Studio Model
https://medium.com/startup-studio/being-the-perfect-3rd-co-founder-the-startup-studio-model-8aaa55305013#.2n0nydtt8

Betaworks | The Startup Studio Making a Dent in NYC
https://www.youtube.com/watch?v=QQ3Rll5YCY8

Betaworks Launches Dexter
https://techcrunch.com/2015/10/09/betaworks-launches-dexter-an-open-platform-for-building-integration-driven-web-apps/

Betaworks' botcamp wants to give 10 chatbot startups $200k
http://techcrunch.com/2016/04/11/betaworks-botcamp-wants-to-give-10-chatbot-startups-100k/

BizBreak - Venture builders
https://soundcloud.com/acexperts/bizbreak-venture-builders

Can Founders Effectively Manage Multiple Startups Simultaneously?
https://www.linkedin.com/pulse/why-do-investors-insist-120-attention-from-founders-rey-tamayo

Can the studio model build a billion-dollar company? Santa Monica's Zuma Ventures is the latest to try
https://pando.com/2014/10/22/can-the-studio-model-build-a-billion-dollar-company-santa-monicas-zuma-ventures-is-the-latest-to-try/

Centralizing a Startup Studio's Resources: The Pros and Cons
https://www.reversevest.com/2015/04/centralizing-a-startup-studios-resources-the-pros-and-cons/

Chasing the chasm - Sergio Marrero
https://medium.com/@sergiomarrero/changing-the-game-a81c244d-82de#.jmrldf435

Co-founder at Founders, a truly modern "job"
https://medium.com/the-founders-blog/co-founder-at-founders-a-truly-modern-job-eb63fa9e0c87#.kmcfhougn

Doing it the Rocket Internet way: an inside look at what it's like to build companies at lightning speed
http://tech.eu/features/2553/rocket-internet-profile-modus-operandi/

eFounders Letter #1: DNA of a Startup Studio
https://blog.efounders.co/efounders-letter-1-dna-of-a-startup-studio--a0a3041a2350#.1ocfbo6oi

eFounders Letter #2: Birth of a startup studio
https://blog.efounders.co/birth-of-a-startup-studio-b514be405574#.jp26jk6v2

eFounders Letter #4 – Time to touch base
https://blog.efounders.co/efounders-letter-4-time-to-touch-base--1153eef3ca5a#.2qlk2gkbm

Expa Labs Will Nurture Tech Start-Ups a Few at a Time
http://mobile.nytimes.com/2016/03/31/technology/silicon-valley-entrepreneurs-set-up-hands-on-incubator.html

Expa raises $100m, launches Expa Labs
http://expa.com/news/100m_labs/

Funding fuels success; it's not success: Venture builder John Fearon
https://e27.co/funding-fuels-success-not-success-venture-builder-john--fearon-20151103/

German fintech company builder FinLeap raises €21M at €121M valuation
https://techcrunch.com/2016/06/13/finleap-of-faith/

Giphy Closes $55 Million Series C at A $300 Million Post-Money Valuation
http://techcrunch.com/2016/02/16/giphy-closes-55-million-series-c-at--a-300-million-post-money-valuation/

Here's a peek into New York's only female-led startup studio
http://uk.businessinsider.com/heres-a-peek-into-new-yorks-only-female-led-startup-studio-2015-7

"Chasing the chasm" study by Sergio Marrero

"Organisatorische Best Practices von Company Buildern - eine qualitative Untersuchung" by Tobias Gutmann

Here's what co-founder of 500 Startups new business lab wants to find
http://upstart.bizjournals.com/companies/startups/2016/07/15/heres-what-co-founder-of-500-startups-new-business.html

How 'venture builders' are changing the startup model
http://venturebeat.com/2015/01/18/how-venture-builders-are-changing-the-startup-model/?n_play=54bc32c3e4b0db092a29b3d4

How an ex-MySpace CEO helped turn Los Angeles into a startup hub
http://www.businessinsider.com/mike-jones-science-startup-studio-2015-2

How Idealab Builds Success. A Chat with EIR Lee Essner.
http://reyhanilaw.com/blog/how-idealab-builds-success-a-chat-with-eir-lee-essner/

How Much Influence Should a Startup Studio Have on the Companies It Creates?
https://www.reversevest.com/2015/02/how-much-influence-should-a-foundry-have-on-the-companies-it-creates/

How to Avoid Innovation Theater: The Six Decisions To Make Before Establishing an Innovation Outpost
http://steveblank.com/2015/12/08/the-six-critical-decisions-to-make-before-establishing-an-innovation-outpost/

How to Set Up a Corporate Innovation Outpost That Works
http://steveblank.com/2015/12/17/how-to-set-up-a-corporate-innovation-outpost/

Innovation Outposts and The Evolution of Corporate R&D
http://steveblank.com/2015/11/21/at-the-center-of-the-frenzy-innovation-outposts-and-the-evolution-of-corporate-rd/

Innovation Outposts in Silicon Valley – Going to Where the Action Is
http://steveblank.com/2015/12/01/innovation-outposts-in-silicon-valley/

Innovation outposts: A growing element in Silicon Valley's dynamic innovation ecosystem
http://siliconvikings.com/blog/2015/4/6/innovation-outposts-a-growing-element-in-silicon-valleys-dynamic-innovation-ecosystem

Investing at betaworks
https://medium.com/in-beta/investing-at-betaworks-3b16f1a2ecf8#.o2qqbhcu3

Jaguar Land Rover launches InMotion, a startup studio to build mobility apps and services
http://techcrunch.com/2016/04/11/jaguar-land-rover-inmotion/

L.A. Stories: Mike Jones and Peter Pham Talk About the Science of Tech Studios (Video)
http://allthingsd.com/20120404/l-a-stories-mike-jones-and-peter-pham-talk-about-the-science-of-tech-studios/

Making a splash with innovation outposts
http://www.enterprisegarage.io/2015/12/making-a-splash-with-innovation-outposts/

Manufacturing Serendipity in Startup Factories
https://techcrunch.com/video/manufacturing-serendipity-in-startup-factories/519622191/

Missing Stack A startup studio to disrupt industries to build successful tech companies.
https://medium.com/missing-stack/missing-stack-716de7df515e#.uxjlqkowt

More on Alphabet and the Startup Studio model
https://medium.com/@ryannegri/more-on-alphabet-and-the-startup-studio-model-c3d3ef9c113d#.83j4txmnb

On the Viability of the Startup Studio Model
http://mfishbein.com/startup-studio/

Organizing a Venture Factory: Company Builder Incubators and the Case of Rocket Internet*
https://papers.ssrn.com/sol3/papers.cfm?abstract_id=2700098

Rocket Internet–A detailed look An analysis about Rocket Internet
https://medium.com/startup-foundation-stories/rocket-internet-a-detailed-look-da4302e887e4#.1p17mxsd1

Rocket Internet Portfolio Companies Show Continued Growth and Improvement in Profitability in 2015
http://rocketinternet.pr.co/126308-rocket-internet-portfolio-companies-show-continued-growth-and-improvement-in-profitability-in-2015

Rocket Internet Says Portfolio Companies Are Progressing Toward Profitability
http://www.wsj.com/articles/rocket-internet-says-portfolio-companies-are-progressing-toward-profitability-1464686019

Rocket Internet: What It's Like to Work at a Startup Clone Factory
http://thehustle.co/rocket-internet-oliver-samwer

Rocket Internet's Oliver Samwer Talks Cloning, Uber And New Frontiers
https://techcrunch.com/2015/12/07/rocket-internets-oliver-samwer-talks-cloning-uber-and-new-frontiers/

Roli, Makers Of The New Seaboard Rise, Acquire betaworks-Backed Blend.io
https://techcrunch.com/2015/10/23/roli-makers-of-the-new-seaboard-rise-acquire-betaworks-backed-blend-io/

Sizing up the startup studio model: A look at eFounders, a company that builds companies
http://tech.eu/features/4280/startup-studio-europe-efounders/

So you're a Startup Studio... wait, what?
http://laicos.com/so-youre-a-startup-studio-wait-what/

Spanish startup studio Antai ups its game with €25 million investment fund
https://novobrief.com/antai-startup-studio-investment-fund/

Stanley Park Ventures Embraces Foundry Model, is Looking for Entrepreneurs
https://techvibes.com/2015/01/14/stanley-park-ventures-embraces-foundry-model-is-looking-for-entrepreneurs-2015-01-14

Start-Up as a Service: The Prehype Model
https://hbr.org/product/start-up-as-a-service-the-prehype-model/IES526-PDF-ENG

Start-up studio' Science helps entrepreneurs find a path to profitability
http://www.latimes.com/science/la-fi-science-inc-20150730-story.html

Startup Studio: the 3rd Co founder Model
https://medium.com/startup-studio/startup-studio-the-3rd-co-founder-model-7d00df86d48e#.amkq9i6ps

Startup studios on the rise
https://medium.com/@aszig/startup-studios-on-the-rise-34ec5ad-8310d#.3tzbazek6

The Big Startup Studio Study
https://gumroad.com/l/sssp1

The Next Big Thing You Missed: Tech Superstars Build 'Startup Factories'
https://www.wired.com/2014/11/startup-factories/

The Rise Of Company Builders
https://techcrunch.com/2013/02/16/the-rise-of-company-builders/

The Rise Of The Startup Factory
http://www.nibletz.com/startups/startup-factories/

The secret to Dollar Shave Club's success—and why I was an early investor
http://www.cnbc.com/2016/07/29/the-secret-to-dollar-shave-clubs-success-and-why-i-was-an-early-investor-commentary.html

The startup studio - a new model to set up companies?
http://www.adpartners-ventures.com/2016/01/04/the-startup-studio-a-new-model-to-set-up-companies/

The Startup Studio Model: What Are Venture Builders?
https://medium.com/@appnroll/the-start-up-studio-model-what-are-venture-builders-33f8d4961d38#.fo3i7nto0

The trend that's shaking up the startup ecosystem: venture builders
http://www.geektime.com/2015/02/09/9-startup-factories-turning-technologies-into-awesome-companies/

The ultimate success of startup programs requires a long term strategy and a safe place to fail
https://i-lab.harvard.edu/news/the-ultimate-success-of-startup-programs-requires-a-long-term-strategy-and-a-safe-place-to-fail/

The World's most creative business model strikes again
http://necrophone.com/2015/08/28/the-worlds-most-creative-business-model-strikes-again/

Twitter and Betaworks are teaming up in a new fund
http://techcrunch.com/2016/05/20/twitter-and-betaworks-are-teaming-up-in-a-new-fund/?

Updated list of venture studios and startup foundries
http://bernardi.me/post/101192026840/updated-list-of-venture-studios-and-startup

Welcome to the Startup Factory
https://medium.com/@johnrampton/welcome-to-the-startup-factory-d2160edb343c#.3iofnrq8y

What is the typical business model of a Startup Studio?
https://www.quora.com/What-is-the-typical-business-model-of-a-Startup-Studio/answer/Rachel-Vanier

Wikipedia: Startup studio
https://en.wikipedia.org/wiki/Startup_studio

WTF is a Startup Studio anyway?
https://medium.com/spook-studio/wtf-is-a-startup-studio-anyway-e9d4440f24bb#.nuw7a97nd

... agora vá, experimente a estrutura e a mentalidade do estúdio e construa algo.

– Attila Szigeti

Compartilhando propósitos e conectando pessoas

Visite nosso site e fique por dentro dos nossos lançamentos:
www.gruponovoseculo.com.br

facebook/novoseculoeditora
@novoseculoeditora
@NovoSeculo
novo século editora

Edição: 1ª
Fonte: PT Serif

gruponovoseculo.com.br